T0222190

BestMasters

Mit „BestMasters" zeichnet Springer die besten Masterarbeiten aus, die an renommierten Hochschulen in Deutschland, Österreich und der Schweiz entstanden sind. Die mit Höchstnote ausgezeichneten Arbeiten wurden durch Gutachter zur Veröffentlichung empfohlen und behandeln aktuelle Themen aus unterschiedlichen Fachgebieten der Naturwissenschaften, Psychologie, Technik und Wirtschaftswissenschaften.

Die Reihe wendet sich an Praktiker und Wissenschaftler gleichermaßen und soll insbesondere auch Nachwuchswissenschaftlern Orientierung geben.

Carolin Gold-Veerkamp

Erhebung von Soll-Kompetenzen im Software Engineering

Anforderungen an Hochschulabsolventen aus industrieller Perspektive

Carolin Gold-Veerkamp
Aschaffenburg, Deutschland

Die vorliegende Arbeit ist Teil des Verbundprojektes EVELIN, das vom Bundesministerium für Bildung und Forschung (BMBF) unter dem Förderkennzeichen 01PL12022B
gefördert wird. Die Autoren sind für den Inhalt dieser Publikation verantwortlich.

OnlinePLUS Material zu diesem Buch finden Sie auf
http://www.springer-vieweg.de/978-3-658-11969-0

BestMasters
ISBN 978-3-658-11969-0   ISBN 978-3-658-11970-6 (eBook)
DOI 10.1007/978-3-658-11970-6

Die Deutsche Nationalbibliothek verzeichnet diese Publikation in der Deutschen Nationalbi-
bliografie; detaillierte bibliografische Daten sind im Internet über http://dnb.d-nb.de abrufbar.

Springer Vieweg
© Springer Fachmedien Wiesbaden 2015

Gedruckt auf säurefreiem und chlorfrei gebleichtem Papier

Springer Fachmedien Wiesbaden ist Teil der Fachverlagsgruppe Springer Science+Business Media
(www.springer.com)

Inhaltsverzeichnis

Inhaltsverzeichnis V

Abbildungsverzeichnis VII

Tabellenverzeichnis IX

Abkürzungsverzeichnis... XI

Kurzfassung XII

Abstract.. XII

1   Einleitung 1
1.1   Problemstellung: Qualitätssicherung in der Hochschullehre................................ 1
1.2   Beschreibung und Ziele des Projekts EVELIN 2
1.3   Zielsetzung und Abgrenzung des Themas 3
1.3.1 Definition und Abgrenzung: Primärdatenerhebung 4
1.3.2 Definition und Abgrenzung: Kompetenzen und Kompetenzprofil.......................... 5
1.3.3 Definition und Abgrenzung: Software Engineering.. 5
1.3.4 Definition und Abgrenzung: Mechatronik... 6
1.3.5 Definition und Abgrenzung: Arbeitsmarkt 6

1.4   Aufbau der Arbeit und Vorgehensweise 7

2   Stand der Forschung und Anwendung: Kompetenzen 9
2.1   Theoretische und empirische Ansätze zur Messung von Kompetenzen 9

2.2   Denkansatz des Constructive Alignment... 14

2.3   Modelle zur Beschreibung und Klassifizierung von Kompetenzen 15
2.3.1 Taxonomie nach Bloom et al. (1956)... 15
2.3.2 Angepasstes Modell von Anderson und Krathwohl (2001)..................................... 16
2.3.3 EVELIN-Taxonomie und -Kompetenzraster.. 16

2.4   Kompetenzen auf dem Gebiet Software Engineering.. 19
2.4.1 Fachliche Kompetenzen 19
2.4.2 Überfachliche Kompetenzen 21

3   Soll-Kompetenzermittlung durch Primärdatenerhebung....................................23
3.1   Definitionsphase: Analyse der Randbedingungen 23

3.2   Designphase: Entwicklung des Forschungsdesigns.. 24
3.2.1 Kriterienbestimmung und Auswahl der Untersuchungsobjekte............................. 24
3.2.2 Festlegung der Untersuchungsvariablen.. 28
3.2.3 Auswahl geeigneter Erhebungsverfahren 29
3.2.4 Fragebogen- und Leitfadenentwicklung... 36
3.2.5 Bayerisches Datenschutzgesetz (BayDSG) 42

3.3   Erhebungsphase: Durchführung der Befragung...43

3.4   Analysephase: Auswertung und Interpretation der Ergebnisse 45

3.4.1   Verdichtung der Erhebungsdaten 46

3.4.2   Deskription der Befragungsteilnehmer 47

3.4.3   Auswertung: Bewerbungsverfahren 51

3.4.4   Auswertung: Kompetenzen 53

3.4.5   Auswertung: Lehrveranstaltungsevaluation und Defizite bei Absolventen 64

3.4.6   Vergleich der Ergebnisse mit anderen EVELIN-Verbundpartnern 69

3.4.7   Vergleich mit Literatur 71

4   Entwicklung eines ersten Soll-Kompetenzprofils.....................................73

4.1   Erstes Soll-Kompetenzprofil aus den Erhebungsergebnissen 73

4.2   Untersuchung: Soll-Kompetenzprofil hinsichtlich intendierter Kompetenzen 77

5   Erste Empfehlungen zur Anpassung der Lehrveranstaltung 81

6   Zusammenfassung und Ausblick..85

Glossar LXXXVII

Literaturverzeichnis LXXXIX

Anhang (online verfügbar auf springer.com)

A.1   Kompetenzraster: Fachliche Inventur des Curriculums SS 2013

A.2   Kompetenzraster: Intendierte Kompetenzen

A.3   Primärdatenerhebung: Dokumente der Planungsphase

A.4   Primärdatenerhebung: Fragebogen an Unternehmen

A.5   Primärdatenerhebung: Interviews mit Unternehmen

A.6   Primärdatenerhebung: Fragebogen an Absolventen

Anmerkung: Werden Personenbezeichnungen lediglich in der männlichen oder weiblichen Form verwendet, so wird auf die Nennung des jeweils anderen verzichtet, um die Lesbarkeit und Übersichtlichkeit zu wahren. Sie schließt das jeweils andere Geschlecht mit ein.

Abbildungsverzeichnis

Abbildung 1: Vorgehen vom Kompetenzprofil zu Handlungsempfehlungen 3

Abbildung 2: Organigramm der Methoden der Informationsgewinnung 4

Abbildung 3: Mechatronik als multidisziplinäres Fachgebiet 6

Abbildung 4: Geplante Vorgehensweise zur Erstellung des Soll-Kompetenzprofils
am Übergang zwischen Hochschule und Arbeitsmarkt 7

Abbildung 5: Abgestimmter Zusammenhang der Lehrziele, der Lernergebnisse und
der Leistungsmessung im Constructive Alignment 14

Abbildung 6: Das Klassifizierungsschema im EVELIN-Projekt 17

Abbildung 7: Δ-Wertung beispielhaft ausgefüllt 18

Abbildung 8: Gliederung der Lehr-/Lernveranstaltung SWE im SS 2013 20

Abbildung 9: Phasen im Prozess der Datenerhebung und -auswertung 23

Abbildung 10: Deutschlandkarte mit den Planungsräumen in Bayern (umrandet),
der Region „Rhein-Main" (flächig) und der Metropolregion Frankfurt
(schraffiert) 24

Abbildung 11: Regionale Eingrenzung der Erhebungseinheiten im Rahmen der
Unternehmensbefragung auf einen Radius von 70 km um den
Standort der HAB 25

Abbildung 12: Überblick über die Verfahren und Methoden der
Primärdatenerhebung 29

Abbildung 13: Überblick über die Auswahl der genutzten Erhebungsverfahren 33

Abbildung 14: Organigramm zur Klassifikation von Skalierungsmethoden 38

Abbildung 15: Zeitplan der Erhebungsphase 43

Abbildung 16: Vorgehen zur Auswertung der Erhebungsergebnisse 45

Abbildung 17: Balkendiagramm der wichtigsten SWE-Tools aus Arbeitgebersicht in
fünf Bereiche geclustert 48

Abbildung 18: Einzelantworten zur interkategorialen prozentualen Verteilung aus
der Sicht von Absolventen 54

Abbildung 19: Extremwerte und Durchschnitt der interkategorialen prozentualen
Verteilung aus der Sicht von Absolventen 54

Abbildung 20: Einzelantworten zur interkategorialen prozentualen Verteilung aus
der Sicht von Unternehmen 55

Abbildung 21: Extremwerte und Durchschnitt der interkategorialen prozentualen
Verteilung aus der Sicht von Unternehmen 55

Abbildung 22: Phasen im Prozess der qualitativen Befragung und Auswertung von
fachlichen Kompetenzen auch Unternehmenssicht 60

Abbildung 23: Kuchendiagramm zur Verteilung der Anzahl der befragten
ehemaligen Studierenden über die Abschlussjahrgänge 65

Abbildung 24: Kuchendiagramm zur Verteilung der Anzahl der der
Befragungsteilnehmer nach dem Jahr in dem sie die SWE besucht
haben 65

Abbildung 25: Semantisches Differential als Superposition der Kurven zur
Wichtigkeit und den Ausprägungsstufen fachlicher Kompetenzen 74

Abbildung 26: Angepasstes semantisches Differential als Superposition der Kurven
zur Wichtigkeit und den Ausprägungen fachlicher Kompetenzen
(exklusive der Stufe „(Weiter-)Entwickeln") 75

Abbildung 27: Semantisches Differential als Superposition der Kurven zur
Wichtigkeit überfachlicher Kompetenzen 76

Abbildung 28: Überlagerung der fachspezifischen Soll-Kompetenzprofile aus
Arbeitsmarkt- und Dozentensicht 77

Abbildung 29: Überlagerung des Soll-Kompetenzprofils aus Sicht der Wirtschaft
und der Dozentenintentionen im Hinblick auf überfachliche
Kompetenzen 78

Abbildung 30: Iterativer Prozess der Veranstaltungsoptimierung 81

Abbildung 31: Vorgehen zur abgeschlossenen Erhebung und Analyse, sowie der
Verwendung der Ergebnisse im Folgenden 86

Tabellenverzeichnis

Tabelle 1: Übersicht und Dimensionen (Messobjekt und Erhebungsform) der betrachteten Möglichkeiten zur Leistungsmessung im (hoch-)schulischen Umfeld 10

Tabelle 2: Übersicht der betrachteten Möglichkeiten zur Kompetenzmessung über die Dimensionen Messobjekt, Blickwinkel, Erhebungsform und Einsatzort 14

Tabelle 3: Übersicht der Klassifikationsniveaus in der Bloom-Taxonomie in aufsteigender Reihenfolge 15

Tabelle 4: Gegenüberstellung der Taxonomien 16

Tabelle 5: Übersicht der EVELIN-Taxonomie für fachliche Kompetenzen 17

Tabelle 6: Beispiel eines Rasters für fachliche Kompetenzen 18

Tabelle 7: Übersicht der identifizierten Methodenkompetenzen mit Kurzdefinitionen 22

Tabelle 8: Übersicht der identifizierten Selbst- & Sozialkompetenzen mit Kurzdefinitionen 22

Tabelle 9: Festlegung der Untersuchungs-, Erhebungs- und Auskunftseinheiten 27

Tabelle 10: Unterscheidungsmerkmale quantitativer und qualitativer Erhebungsverfahren 30

Tabelle 11: Vergleich von unterschiedlichen Befragungsmethoden im Hinblick auf verschiedene Kriterien 31

Tabelle 12: Einschätzung der Unternehmen und Absolventen anhand einiger Kriterien zur gezielten Auswahl geeigneter Erhebungsverfahren 32

Tabelle 13: Vergleich von unterschiedlichen Methoden zur Segmentierung und ersten Informationssammlung vor der Unternehmensbefragung durch Interviews 35

Tabelle 14: Übersicht nicht-komparativer Verfahren zur Skalierung 38

Tabelle 15: Übersicht der Quoten nach Bearbeitungsstatus im Unternehmensfragebogen .. 48

Tabelle 16: Beschreibung der Interviewpartner 50

Tabelle 17: Vergleich der durchschnittlichen Unternehmensdaten über die drei Erhebungsverfahren 51

Tabelle 18: Auswertung zum Bewerbungsverfahren über alle drei Erhebungsteile 52

Tabelle 19: Vergleich der intrakategorialen Wichtigkeit von Selbst- & Sozialkompetenzen aus Sicht von Arbeitnehmern und Arbeitgebern im Einzelnen und in Kombination .. 57

Tabelle 20: Vergleich der intrakategorialen Wichtigkeit von Methodenkompetenzen aus Sicht von Arbeitnehmern und Arbeitgebern im Einzelnen und in Kombination 58

Tabelle 21: Vergleich der intrakategorialen Wichtigkeit von fachlichen Kompetenzen aus Sicht von Arbeitnehmern und Arbeitgebern im Einzelnen und in Kombination .. 59

Tabelle 22: Legende der Wertebereiche und farblichen Abstufungen für die Auswertung der Ausprägung fachlicher Kompetenzen im Anschluss an die Kodierung der Interviews 62

Tabelle 23: Auswertung der Ausprägung fachlicher Kompetenzen auf Basis der kodierten Interviews 63

Tabelle 24: Gegenüberstellung (a) des Rankings der Knowledge Areas nach der Tiefe der durchschnittlichen Prägung und dem Ranking der Wichtigkeit der Fachkompetenz in (b) „U + A, FB" und (c) „U, FB" 64

Tabelle 25: Soll-Ist-Vergleich der Wichtigkeit von Kompetenzen und deren Vermittlung (bewertet durch Absolventen) 66

Tabelle 26: Verteilung der für optimal umschriebenen Studiengänge für die Arbeit im SWE 69

Tabelle 27: Vergleich der überfachlichen Kompetenzen (Coburg – Aschaffenburg).............. 69

Tabelle 28: Identifizierte fachliche Kompetenzen aus der Erhebung am Standort Coburg 70

Tabelle 29: Analyse für Verbesserungspotenziale im Bereich der fachlichen Kompetenzen auf Basis der identifizierten Defizite 82

Tabelle 30: Analyse der bereits durchgeführten und empfohlenen Anpassungen im Bereich der überfachlichen Kompetenzen auf Basis der identifizierten Defizite 83

Abkürzungsverzeichnis

ACM	Association for Computing Machinery
BayDSG	Bayerischen Datenschutzgesetzes
BDSG	Bundesdatenschutzgesetz
BMBF	Bundesministerium für Bildung und Forschung
DIN	Deutsches Institut für Normung
ECTS	European Credit Transfer System
EN	Europäische Norm
engl.	englisch
EVELIN	Experimentelle Verbesserung des Lehrens von Software Engineering
FK	Fachkompetenz
HAB	Hochschule Aschaffenburg
HDI	Hochschuldidaktik Informatik
HRG	Hochschulrahmengesetz
IEEE	Institute of Electrical and Electronics Engineers ("Eye-triple-E")
ISO	International Organization for Standardization (engl. „Internationale Organisation für Normung")
KA	Knowledge Area
Kap.	Kapitel
KMK	Ständige Konferenz der Kultusminister der Länder in der Bundesrepublik Deutschland; kurz: Kultusministerkonferenz
lat.	lateinisch
MK	Methodenkompetenzen
MT	Mechatronik
resp.	respektive (lat. respectivus „beachtenswert"; heute: „beziehungsweise")
SA	Sub Area
SS	Sommersemester
SSK	Selbst- und Sozialkompetenzen
SWE	Software Engineering
SWEBOK*	Software Engineering Body of Knowledge
ÜFK	Überfachliche Kompetenz
VDI	Verein Deutscher Ingenieure
WS	Wintersemester

Kurzfassung

Ziel des vom Bundesministerium für Bildung und Forschung geförderten Forschungsprojektes EVELIN – „Experimentelle Verbesserung des Lernens von Software Engineering" – ist es, die Lehrqualität im Software Engineering unter besonderer Beachtung der Kompetenzentwicklung zu verbessern. Daher sollen neben fachlichen und überfachlichen Kompetenzen auch die didaktische Aufbereitung der Lehrveranstaltung betrachtet werden. Die Absolventen sollen mit Hilfe der Neustrukturierung und gezielten, bewusst ausgewählten, spezifischen Kompetenzen besser auf den Berufsalltag vorbereitet werden.

Zu diesem Zweck sollen in dieser Arbeit die notwendigen Soll-Kompetenzen aus Arbeitsmarktsicht für den Bereich Software Engineering ermittelt werden. Dazu sollen im Rahmen einer Primärdatenerhebung sowohl ehemalige Studierende der Hochschule Aschaffenburg, als auch Unternehmen, die im Bereich Softwaretechnik tätig sind, befragt werden. Die Ergebnisse der Umfragen sollen anschließend analysiert und interpretiert werden, um sie in einem Soll-Kompetenzprofil aus der industriellen Perspektive zu bündeln und mit den intendierten Kompetenzen aus Sicht des Dozenten vergleichen zu können.

Stichworte: *Kompetenzen, Software Engineering, Lernen, Erhebung, Arbeitsmarkt, Hochschulabsolventen, Unternehmen*

Abstract

The aim of the research project EVELIN – "Experimental improvement of learning software engineering" – funded by the Federal Ministry of Education and Research is to improve the quality of teaching in software engineering with special emphasis on the development of skills and competencies. Therefore, in addition to professional and generic competencies, the teaching methodology of the course is considered. The university graduates should be better prepared for the professional life using the selective restructured and consciously chosen, specific competencies.

For this purpose, the necessary set of competencies from the labour market's perspective in the field of software engineering is to be identified in this work. Former students of the University of Applied Sciences Aschaffenburg, as well as companies that are active in Software Engineering should be surveyed as part of the collection of primary data. The results of the survey are then analysed and interpreted in order to bundle them into a target competence profile from the industry's point of view and to compare them with the intended competencies from the university lecturer's perspective.

Key words: *competencies, software engineering, learning, survey, labour market, university graduates, companies*

1 Einleitung

1.1 Problemstellung: Qualitätssicherung in der Hochschullehre

Die Umstellung der Studienfächer auf Bachelor und Master im Zuge des Bologna-Prozesses brachte für die Hochschulen die Verpflichtung mit sich, im Rahmen der Lehrveranstaltungen Evaluationen durchzuführen (vgl. §6 HRG). Diese gewährleisten die »Sicherung von Qualitätsstandards auf nationaler und europäischer Ebene« (BMBF, 2015) und sind zur Akkreditierung der Studiengänge nötig. Diese Auswertung in Form von Befragungen soll helfen, die Lehre zu verbessern, indem sie die Möglichkeit eröffnet, die Inhalte und die didaktische Aufbereitung der entsprechenden Vorlesungen aus Sicht der Studierenden wieder zu geben. Idealerweise tragen diese Informationen dazu bei, die Lehrveranstaltungen zu reflektieren und ggf. anzupassen. Als Instrument für eine solche Rückkopplung kann beispielhaft der aus dem Qualitätsmanagement bekannte Deming-Zyklus zur Implementierung der ständigen Verbesserung genannt werden (vgl. Kamiske & Bauer, 2011, S. 278 f.).

> Der Begriff Qualität wird in der DIN EN ISO 9000:2005 beschrieben als »Grad, in dem ein Satz inhärenter [lat. innewohnender] Merkmale [...] Anforderungen [...] erfüllt« (DIN EN ISO 9000, 2005, S. 18, 3.1.1). Die Anforderungen werden dabei von der »Organisation [...], ihre[n] Kunden [...] und andere[n] interessierte[n] Parteien« (DIN EN ISO 9000, 2005, S. 19, 3.1.2) festgelegt und beziehen sich auf »Produkte [...], Prozesse [...] oder Systeme« (DIN EN ISO 9000, 2005, S. 19, 3.1.3).

In Folge dieses Zitates stellt sich die Frage nach den Kunden. Werden diese durch die Studierenden repräsentiert, die die „Dienstleistung" Lehrveranstaltung besuchen – infolge dieser Betrachtung ist die Evaluation von Lehrveranstaltungen ein richtiger Ansatz – oder handelt es sich, in einem weiteren Kontext, um die Unternehmen als spätere Arbeitgeber? Begutachtet man das Thema Studium ergebnisorientiert, bedeutet es die Berufsvorbereitung (vgl. §7 HRG).

Denn erst beim Berufseinstieg zeigt sich »inwieweit das Angebot von Absolventen [...] die Qualifikationsnachfrage auf dem Arbeitsmarkt trifft [...] und wo deutliche mismatches auftreten« (AutGrBildBer, 2008, S. 179). Diese Kluft spiegelt auch eine Befragung von Hochschulabsolventen verschiedener Studiengänge des Jahrganges 2001 wieder, die im Auftrag des Bundesministeriums für Bildung und Forschung (BMBF) durchgeführt wurde. So sind im »Fachhochschulstudium [...] die Urteile [...] über dessen Praxisbezug eher ernüchternd, wenngleich sie alles in allem etwas besser ausfallen als beim Jahrgang 1997« (Briedis & Minks, 2004, S. 16).

Es scheint daher sinnvoll die Anforderungen der Industrie im Bereich Software Engineering zu erfassen, auszuwerten und mit der Dozentensicht zu koppeln, um sie mit der jetzigen Lehrveranstaltung zu vergleichen und mögliche Differenzen aufzudecken.

Neben der Problematik der Qualitätssicherung ergeben sich durch den Fachbezug zum Software Engineering (kurz SWE) weitere Schwierigkeiten, die auf dem Entwicklungsalter der Disziplin und auf der Charakteristik des Themas beruhen:

»Die Informatik ist eine junge Wissenschaft, die in der Mitte des letzten Jahrhunderts aus der Mathematik und der Elektrotechnik entstanden ist« (SfBJSB, 2006, S. 9). Die Geburtsstunde des Begriffs Software Engineering, das eine Teildisziplin der Informatik darstellt, kann 1968 festgelegt werden, als eine NATO-Konferenz mit diesem Titel abgehalten wurde (vgl. Naur & Randell, 1969). Dieses Datum belegt, dass die Disziplin noch sehr jung ist. Ausgehend von dieser Tatsache ist zudem zu bemerken: *»Im Software Engineering steckt die Theorie-Bildung noch in den Kinderschuhen, wir müssen uns gerade darum mit ihr befassen«* (Ludewig & Lichter, 2013, S. 5); gleiches gilt für die fachbezogene Didaktik.

Charakteristisch für das SWE und vielfach genannt (vgl. Ludewig & Lichter, 2013, S. 35-39; Weicker, 2005, S. 102) ist die Problematik der Immaterialität des Produktes, die dadurch sichtbar wird, dass *»in den Informatik-Anwendungen [...] der misslungene Systementwurf oder die Anwendungshavarie die Regel, in klassischen Bereichen der Technik die Ausnahme«* (Brödner et al., 2009, S. 119) ist. Dies ist darauf zurückzuführen, dass Softwareprojekte *»mit bedauerlicher Regelmäßigkeit die angesetzten Kosten- und Zeitbudgets um ein Vielfaches überschreiten und zugleich hinter den erwarteten Rationalisierungseffekten deutlich zurückbleiben«* (Brödner et al., 2009, S. 119).

Somit erforscht das Projekt EVELIN ein noch nahezu unberührtes wissenschaftliches Feld im Software Engineering-Fachwissen und der didaktischen Vermittlung der Disziplin.

1.2 Beschreibung und Ziele des Projekts EVELIN

Das Thema Software hat im Alltag hohen Stellenwert erlangt. Die Entwicklung von Software erfordert hohe Technologiekompetenz wie auch überfachliche Kompetenzen. Da dieses Fachgebiet sehr theoretisch, abstrakt und ungegenständlich ist, gestaltet sich das Lernen und Lehren von Software Engineering besonders kompliziert. Um die Lehre in diesem Fachgebiet zu verbessern, wird das Verbundprojekt „Experimentelle Verbesserung des Lernens von Software Engineering", EVELIN, im Rahmen des „Qualitätspakt Lehre" vom BMBF gefördert (Förderkennzeichen des Teilprojektes: 01PL12022B).

Ein erstes Zwischenziel des Projektes ist die Entwicklung von Kompetenzprofilen, sowohl fachlich als auch überfachlich. Daraus können im Anschluss spezifische Lehrzielkataloge zur Curriculumsentwicklung abgeleitet und Lehr-Lern-Konzepte zur Vermittlung erstellt werden (s. Abbildung 1), die nicht nur den klassischen Frontalunterricht beinhalten. Durch Experimente – d. h. es werden fachliche und didaktisch/pädagogische Änderungen an der vorhandenen Veranstaltung vorgenommen und

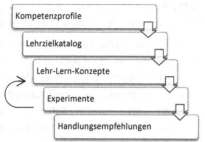

Abbildung 1: Vorgehen vom Kompetenzprofil zu Handlungsempfehlungen (in Anlehnung an Gold et al., 2014, S. 100)[1]

evaluiert – sollen neue Durchführungsmöglichkeiten gefunden werden, um die ermittelten Kompetenzen bei den Studierenden aufzubauen. Die Evaluation der Experimente durch die Studierenden und den Dozenten bzw. die Projektmitarbeiter am jeweiligen Standort wirken als Rückkopplung auf die Lehr-Lern-Konzepte und dienen der weiteren iterativen Verbesserung und Anpassung. Das gewonnene Wissen kann dann genutzt werden, um Handlungsempfehlungen zu geben. Diese Schritte sollen die Studierenden auf das spätere Berufsleben im Bereich Software Engineering vorbereiten und zur Bearbeitung von softwaretechnischen Aufgabestellungen befähigen.

Innerhalb des Projekts EVELIN finden hochschulspezifische Forschungen an den Standorten Aschaffenburg, Coburg, Kempten, Landshut, Neu-Ulm und Regensburg statt, deren Ergebnisse und Erfahrungen gesammelt und weitergeben werden, um das gemeinsame Vorhaben voranzutreiben; dazu tragen zum einen fachliche Achsen und zum anderen pädagogische Tandems bei (vgl. Abke et al., 2012, S. 655 f.).

1.3 Zielsetzung und Abgrenzung des Themas

Ziel der Arbeit ist es, die erforderlichen Soll-Kompetenzen im Bereich Software Engineering aus Sicht des Arbeitsmarktes zu identifizieren. Forschungsgegenstand bilden sowohl fachliche als auch überfachliche Kompetenzen. Zur Ermittlung der Anforderungen der Wirtschaft soll eine Datenerhebung genutzt werden, um daraus optional ein Soll-Kompetenzprofil aus Arbeitsmarktsicht zu generieren. Dieses soll in späteren Schritten mit den intendierten Kompetenzen verglichen werden und letztendlich ein Soll-Kompetenzprofil entstehen, das die Ansichten der Industrie und die originär aufgestellten Lehrziele der Veranstaltung koppelt (s. Abbildung 1). Auf diese Weise sollen die Inhalte und die didaktische Vermittlung dieser Kompetenzen in der Lehrveranstaltung verbessert werden. Nicht zuletzt sollen die Erkenntnisse den Verbundpartnern zur Verfügung gestellt, diskutiert und verglichen werden.

---

[1] (Gold et al., 2014, S. 100; © 2014 IEEE. Reprinted, with permission.)

Zur Abgrenzung und genaueren Spezifikation der Aufgabenstellung werden im Folgenden die für diese Arbeit essentiellen Begrifflichkeiten geklärt und begründet präzisiert:

- Die Informationsgewinnung erfolgt durch eine **Primärdatenerhebung**, da zu dieser Thematik keine sekundären Daten vorhanden sind, die die Materie dieses sehr spezifischen Forschungsgebietes widerspiegeln (s. Kap. 1.3.1).

- An der Hochschule Aschaffenburg (kurz HAB) wird im Rahmen des Projektes EVELIN die Lehrveranstaltung **Software Engineering** im Studiengang **Mechatronik** betrachtet. Forschungssubjekt dieser Studie ist demnach die Disziplin SWE (s. Kap. 1.3.3 und 1.3.4).

- Inhalt der Befragung sind **fachliche und überfachliche Kompetenzen**, bezogen auf das Forschungsgebiet (s. Kap. 1.3.2). Grund hierfür ist die Notwendigkeit eines umfassenden Kompetenzprofils, um im Nachgang zu dieser Arbeit die Lehr-Lern-Arrangements richtig auswählen zu können; denn die Form der Stoffvermittlung ist stark an die ergänzende Bildung überfachlicher Kompetenzen geknüpft; z. B. die Nutzung von Projektarbeiten.

- Um den Arbeitsmarkt möglichst ganzheitlich erfassen zu können, ist beabsichtigt, **Arbeitgeber und Arbeitnehmer** (s. Kap. 1.3.5) zu befragen. Eine genauere Definition der Untersuchungsobjekte erfolgt in Kapitel 3.2.1.

1.3.1 Definition und Abgrenzung: Primärdatenerhebung

> Datenerhebung ist »*die Ermittlung der Ausprägungen der Merkmale bei den Elementen einer Untersuchungsgesamtheit. Eine Erhebung kann in Form einer schriftlichen oder mündlichen Befragung (Fragebogen, Interview) oder durch Beobachtung erfolgen. Man unterscheidet primärstatistische Erhebung (Primärstatistik) und sekundärstatistische Erhebung (Sekundärstatistik)*«* (Wübbenhorst & Kamps, 2013).

Die im Zitat beinhalteten Begriffe sind aus Übersichtlichkeitsgründen in Abbildung 2 zusätzlich hierarchisch gegliedert dargestellt. Demnach ist die Primärdatenerhebung (auch Primärerhebung, field research etc. genannt) eine der Formen der Erhebung. Es handelt sich dabei »*um die Gewinnung originärer Daten*« (Berekoven et al., 2006, S. 49).

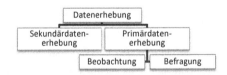

Abbildung 2: Organigramm der Methoden der Informationsgewinnung

1.3.2 Definition und Abgrenzung: Kompetenzen und Kompetenzprofil

Nach Weinert (2002, S. 27 f.) sind »*Kompetenzen die bei Individuen verfügbaren oder durch sie erlernbaren kognitiven Fähigkeiten und Fertigkeiten, um bestimmte Probleme zu lösen, sowie die damit verbundenen motivationalen, volitionalen und sozialen Bereitschaften und Fähigkeiten um die Problemlösungen in variablen Situationen erfolgreich und verantwortungsvoll nutzen zu können.*«

Um Kompetenzen systematisch zu gliedern, gibt es verschiedene Ansätze der Differenzierung. Zum einen besteht die Möglichkeit der viergliedrigen Unterteilung (vgl. u. a. Erpenbeck & von Rosenstiel, 2007, S. XXIII f.). Ein anderer Vorschlag ist die gröbere Strukturierung in **Fachkompetenzen (FKs)** und **überfachliche Kompetenzen (ÜFKs)**, wie sie auch im Projekt EVELIN genutzt wird.

Ergänzend sollen an dieser Stelle noch weitere Kompetenzbegriffe – nach ihrem Verständnis im Projektteam respektive am Standort Aschaffenburg – erläutert werden:

- **Ist-Kompetenzen** beschreiben eine Momentaufnahme. Das kann bspw. der aktuelle Wissensstand einer Person in ihrer zeitlichen Kompetenzentwicklung sein. Hierbei kann der Blickwinkel variieren, z. B. aus Sicht eines Studierenden oder Dozierenden.

- **Soll-Kompetenzen** sind diejenigen Kompetenzen, die von einer Person in ihrer Entwicklung zu einem bestimmten Zeitpunkt erworben bzw. durch die Inhalte und das Design einer bestimmten Lehrveranstaltung vermittelt werden sollen – wiederum aus verschiedenen Perspektiven. Soll-Kompetenzen beschreiben demnach ein Ideal.

- Als **intendierte Kompetenzen** werden im Folgenden die Soll-Kompetenzen bezeichnet, die aus der Perspektive des Dozierenden in der Lehrveranstaltung geprägt werden sollen.

Unter einem Kompetenzprofil wird »*ein gesamtes Setting oder Konglomerat von [...] Kompetenzen [und deren Ausprägung], die – im Sinne eines Profils – auf die jeweiligen Voraussetzungen zur Ausübung eines bestimmten Betätigungs- und Handlungsfeldes weisen*« (Brendel et al., 2006, S. 56) verstanden. Es können wiederum Ist- oder Soll-Profil unterschieden werden.

1.3.3 Definition und Abgrenzung: Software Engineering

Der Begriff Software Engineering, der ein Fachgebiet der Informatik darstellt und in deutschsprachiger Literatur häufig synonym mit „Softwaretechnik" genutzt wird, wird vom Institute of Electrical and Electronics Engineers, kurz IEEE, (1990, S. 67) definiert als:

»*The application of a systematic, disciplined, quantifiable approach to the development, operation, and maintenance of software; that is, the application of engineering to software.*«

Software Engineering bedeutet weiterhin die zur Erfüllung der bereits genannten Aufgaben nötige »[z]ielorientierte Bereitstellung und systematische Verwendung von Prinzipien, Methoden und Werkzeugen für die arbeitsteilige, ingenieurmäßige Entwicklung und Anwendung von umfangreichen Softwaresystemen. Zielorientiert bedeutet die Berücksichtigung z. B. von Kosten, Zeit, Qualität« (Balzert, 2009, S. 17).

Wie in den obigen Definitionen beschrieben, befasst sich die Softwaretechnik mit der Herstellung (Planung, Konzeption und Realisierung), dem Betrieb und der Wartung von neuer Software mit Hilfe von methodischen Instrumenten (vgl. Hesse et al., 1984).

1.3.4 Definition und Abgrenzung: Mechatronik

Übereinstimmend mit weiteren Autoren (vgl. Abke, 2010, S. 3; VDI-Richtlinie 2206, 2004, S. 11) wird die Mechatronik bei Harashima et al. (1996, S. 1 f.) beschrieben als »*the synergetic integration of mechanical engineering with electronic and intelligent computer control in the design and manufacturing of industrial products and processes*«.

»*1969 prägte der Japaner Ko Kikuchi, Präsident der YASKAWA Electric Corporation, den Begriff Mechatronics (deutsch Mechatronik)[.] [...] Der Begriff setzt sich zusammen aus Mechanism (später mechanics, Mechanik oder allgemeiner Maschinenbau) und Electronics (Elektronik oder allgemeine Elektrotechnik)*« (VDI-Richtlinie 2206, 2004, S. 9, 2.1). Es handelt sich demnach um ein interdisziplinäres, ingenieurwissenschaftliches Fachgebiet (s. Abbildung 3).

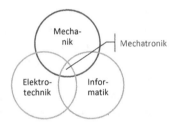

Abbildung 3: Mechatronik als multidisziplinäres Fachgebiet (in Anlehnung an Abke, 2010, S. 3)

1.3.5 Definition und Abgrenzung: Arbeitsmarkt

Um die Kompetenzen aus Sicht des Arbeitsmarkts möglichst umfassend zu erheben, werden in einem zweidimensionalen Ansatz sowohl Arbeitgeber als auch Arbeitnehmer als Untersuchungsobjekte betrachtet.

Die Arbeitgeber werden durch Unternehmen – personifiziert durch leitende Angestellte – repräsentiert, die im Bereich Software Engineering tätig sind. Die Arbeitnehmer stellen Absolventen – auch Alumni genannt – der Hochschule Aschaffenburg aus dem Studiengang Mechatronik dar, da die Veranstaltung SWE nicht fakultativer Bestandteil dieser Ausbildung ist. Die detaillierte Beschreibung der Untersuchungsobjekte, die vorangegangene Auswahl von Kriterien und das damit verbundene Auswahlverfahren ist in Kapitel 3.2.1 beschrieben.

1.4 Aufbau der Arbeit und Vorgehensweise

In der nachfolgenden Graphik lässt sich der Übergang zwischen Hochschule und Arbeitsmarkt erkennen. Aufgrund möglicher Differenzen (Δ) zeigen sich demnach besagte „mismatches" (s. Kap. 1). Die Abbildung zeigt zudem das geplante Vorgehen zur Ermittlung des aggregierten Soll-Kompetenzprofils. Weiterhin sind sowohl das Ist- als auch das Soll-Curriculum dargestellt, die sich in ihrer Aktualität und der Menge der betrachteten Perspektiven unterscheiden.

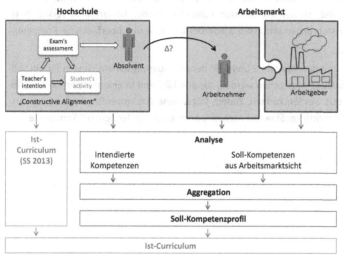

Abbildung 4: Geplante Vorgehensweise zur Erstellung des Soll-Kompetenzprofils am Übergang zwischen Hochschule und Arbeitsmarkt (Ausschnitt in Gold et al., 2014, S. 101)[2]

Zur detaillierten Dokumentation gliedert sich Kapitel 1 in die Schilderung des zugrundeliegenden Problems, die Vorstellung des Projektes EVELIN und die Beschreibung der Ziele und Aufgaben dieser Arbeit. Kapitel 2 befasst sich mit dem Stand der Forschung in den Bereichen Diagnostik und Klassifizierung von Kompetenzen, dem Denkansatz des Constructive Alignment sowie der Betrachtung von SWE-Kompetenzen im Rahmen des Modulhandbuches im Studiengang Mechatronik an der HAB und des Software Engineering Body of Knowledge (kurz SWEBOK®). Dazu werden die intendierten Kompetenzen aus Dozentensicht und die in der Vorlesung Software Engineering an der Hochschule Aschaffenburg enthaltenen Kompetenzen, wie sie im Sommersemester 2013 vermittelt wurden, basierend auf dem SWEBOK®, in ein bestehendes Kompetenzraster eingruppiert.

---

[2] (Gold et al., 2014, S. 101; © 2014 IEEE. Reprinted, with permission.)

Sowohl die Entwicklung und Durchführung der Erhebung als auch die Analyse der ermittelten Daten werden in Kapitel 3 thematisch aufeinander aufbauend und damit nahezu chronologisch in der Abfolge der Arbeitsphasen beschrieben, und spiegelt so die Vorgehensweise wider. Dazu sollen zunächst die Randbedingungen analysiert (s. Kap. 3.1) und ein Forschungsdesign entwickelt werden (s. Kap. 3.2). Darauf basierend wird die Befragung durchgeführt und ausgewertet (s. Unterpunkte 3.3 und 3.4).

Die aus der Perspektive von Arbeitgebern und Arbeitnehmern erhobenen Anforderungen werden in Kapitel 4.1 zu einem ersten Soll-Kompetenzprofil aus Sicht des Arbeitsmarktes zusammengefasst und mit den intendierten Kompetenzen des Dozierenden verknüpft (s. Kap. 4.2). Diese Ausführungen umfassen wiederum fachliche und überfachliche Kompetenzen.

Die Arbeit schließt mit den Kapiteln 5 und 6, in denen Änderungsempfehlungen für ein Soll-Curriculum (s. Abbildung 4) gegeben werden, die anschließend in einem Experiment (s. Abbildung 1) umgesetzt werden können. Zudem folgen eine Zusammenfassung und ein Ausblick über nächste Schritte am Standort Aschaffenburg aufgrund der neuen Erkenntnisse.

2 Stand der Forschung und Anwendung: Kompetenzen

Dieser Abschnitt befasst sich mit den theoretischen Grundlagen in Bezug auf die Messung bzw. Bewertung von Kompetenzen. Dazu werden in Unterpunkt 2.1 fünf Ansätze aus der aktuellen Lehre, Forschung und Literatur vorgestellt und das Constructive Alignment angesprochen (s. Kap. 2.2). Anschließend werden Möglichkeiten zur systematischen Strukturierung von Ausprägungen von Kompetenzen aufgezeigt (s. Kap. 2.3). In Kapitel 2.4 finden die zuvor betrachteten Methoden und Begrifflichkeiten Anwendung bei der Bestandsaufnahme des Curriculums im SS 2013 und der Erfassung der intendierten Kompetenzen.

2.1 Theoretische und empirische Ansätze zur Messung von Kompetenzen

Die Messung von Kompetenzen ist aufgrund der Komplexität des Konstrukts nicht trivial. Eine Kompetenz kann nicht umfassend geprüft und gemessen werden. *»Messen bedeutet in der Kompetenzforschung stets, Testaufgaben zu formulieren, die es den Testpersonen ermöglichen, ihre Fähigkeiten (im Sinne kognitiver Leistungsdisposition) explizit zum Ausdruck zu bringen«* (FG BBF IBB, 2010, S. 21). Diese einzelnen stichpunktartigen Überprüfungen lassen als Indikatoren lediglich Rückschlüsse auf die Ausprägung einer Kompetenz zu.

An dieser Stelle sollen, neben den aus der (hoch-)schulischen Lehre bekannten Leistungsnachweisen, vier weitere oft zitierte und weit verbreitete Methoden der Kompetenzmessung beleuchtet werden, die Kompetenzkombinationen oder umfassende Profile zu erfassen versuchen. Die Fülle an Instrumenten ist enorm, trotzdem unterscheiden sich die Methoden häufig nur marginal. Grob betrachtet gibt es drei Dimensionen der Messung:

- Das Messobjekt (fachliche/überfachliche Kompetenzen),
- Die Perspektive (Selbst- und Fremdeinschätzung) und
- Die Erhebungsform (Beobachtung, Befragung oder Leistung).

Als Standardwerk und Methodensammlung kann weiterführende Literatur (vgl. Erpenbeck & Rosenstiel, 2007; Ingenkamp & Lissmann, 2008; Gnahs, 2010), sowie die darin enthaltenen Literaturangaben genannt werden.

Leistungsmessung in der (Hoch-)Schullehre

Die Pädagogik ist *»das Arbeitsfeld, das sich traditionell mit dem Einsatz von Messverfahren (insbesondere Tests) zur empirischen Erfassung von Kompetenzen befasst«* (Klieme & Leutner, 2006, S. 887), denn das *»Lehren und Lernen [...] schliesst [sic] seit jeher ein, dass das Wissen und die erworbenen Kompetenzen der Studierenden auch geprüft und beurteilt werden«* (AfH, 2007, S. 5).

Ziele der Leistungsmessung sind (a) die Feststellung (im Nachgang), ob eine Kompetenz in einer bestimmten Ausprägung erworben wurde, die Tauglichkeit (im Vorfeld) als weiterführende Qualifikation und die damit verbundene Auswahl aufgrund einer der beiden Diagnoseinstrumente (vgl. AfH, 2007, S. 7 f.). Zudem soll (b) eine Vergleichbarkeit zwischen Lernenden geschaffen werden (vgl. Zentralabitur) und die Prüfung zudem (c) objektiv und transparent durchgeführt und bewertet werden (mittels Intervallskala) (vgl. Gnahs, 2010, S. 51 ff.). Dazu werden am häufigsten mehrere einzelne Aufgaben in Form einer Prüfung gestellt, die meist in limitierter Zeit bearbeitet werden sollen und im Idealfall möglichst genau auf die Kompetenzen und den intendierten Ausprägungsgrad abgestimmt sind. Alternativ werden Einzelnen oder einer Gruppe Themenstellungen gegeben, die eigenständig erarbeitet, dokumentiert und ggf. zusätzlich präsentiert werden sollen. Zudem erfolgt in den letzten Jahren vermehrt eine Durchmischung von Testmethoden zu sog. Portfolios, deren Zusammensetzung und Inhalt variieren und sie daher maßgeschneidert angepasst werden können.

Eingesetzt werden diese Verfahren in der schulischen und hochschulischen Ausbildung, z. T. im Recruiting, bei Eignungstests und für den Erwerb von Zertifikaten bei Weiterbildungsmaßnahmen. Messobjekt sind dabei immer fachliche und je nach Prüfungsformat teilweise auch außerfachliche Kompetenzen (s. Tabelle 1). Die Beurteilung erfolgt immer über eine Fremdeinschätzung aus Sicht des Dozierenden. Für genaue Erläuterungen der aufgeführten Prüfungsformen wird auf die Arbeitsstelle für Hochschuldidaktik AfH (2007, S. 20 ff.) und weiterführend auf Weinert (2002) verwiesen.

Tabelle 1: Übersicht und Dimensionen (Messobjekt und Erhebungsform) der betrachteten Möglichkeiten zur Leistungsmessung im (hoch-)schulischen Umfeld (in Anlehnung an AfH, 2007, S. 21)

Messmethode	Fachliche Kompetenzen	Überfachliche Kompetenzen			Befragung	Beobachtung	Leistung[1]
		Methoden	Sozial	Selbst			
Schriftliche Prüfung	X	X					X
Mündliche Prüfung	X	X				X	X
Referate/mündliche Präsentationen	X	X	X^2	X		X	X
wissenschaftspraktische Tätigkeiten	X	X	X^2	X		X	X
Studientagebücher/Protokolle	X	X		X			X
Schriftliche Ausarbeitungen	X	X	X^2	X			X
Portfolios	X	X		X	X^3	X^3	X^3
Gruppenprüfungen (per se)	X	X	X		X^3	X^3	X^3

[1]) Hier: eine Aufgabenstellung, die aktiv gelöst werden soll; Ergebnis/Lösungsweg wird bewertet.
[2]) Falls zu zweit oder in der Gruppe durchgeführt.
[3]) Je nach Prüfungsart.

Als relativ problematisch sind Portfolios und Gruppenleistungen aufgrund der Objektivität des Bewertenden, der Gewichtung von Einzelleistungen, der Nachvollziehbarkeit der Notengebung und der Fairness einzustufen. Allgemein ist anzumerken, dass solche Prüfungen, die in einer Art „Laborsituation" stattfinden, das Wissen nur stichpunktartig abfragen können.

ProfilPASS*

»*Der ProfilPASS entstand im Auftrag der [Bund-Länder-Kommission], um informell erworbene Kompetenzen sichtbar zu machen*« (Preißer & Völzke, 2007, S. 64). »*Bereits über 100.000 Personen haben [bis heute (2012)] mit dem ProfilPASS gearbeitet*« (ProfilPASS®, 2012); 22.000 ProfilPässe* wurden insgesamt bis Ende 2007 verkauft (vgl. BMBF, 2008, S. 60).

Aufgabe des Passes ist es, das lebenslange Lernen zu fördern und auch informelles Lernen kompetenzorientiert sichtbar zu machen und anzuerkennen (vgl. Preißer & Völzke, 2007, S. 64; Seidel, 2010, S. 16 f.); er stellt daher ein biographisches Kompetenzentwicklungsmodell dar. Um die individuelle Lebensgeschichte umfassend betrachten zu können, bedient man sich der Begutachtung von acht Tätigkeitsfeldern (Hobby, Familie, schulische, berufliche Ausbildung, Wehr-/Zivildienst/soziales Jahr, Arbeitsleben, Ehrenamt, Besonderheiten der Lebenssituation). Das Verfahren gliedert sich in folgende drei Stufen: Beschreibung von Aktivitäten – es ist kein explizites Wissen über die eigenen Kompetenzen nötig –, Fähigkeitsermittlung, Selbsteinschätzung und -bewertung mit Hilfe von vier Ausprägungsstufen. Daraus ergeben sich dann eventuelle Ideen zur Weiterbildung in Selbstreflexion oder mit zusätzlicher Beratung. Bestandteil der Exploration sind fachliche und generelle Kompetenzen (vgl. Preißer & Völzke, 2007; Neß et al., 2007).

Angriffspunkt für Kritik bietet zum einen der lebenslange Lernprozess, der dokumentiert werden soll, was mit hohem Aufwand verbunden, aber andernfalls nicht sinnvoll ist. Zudem stellt sich die Frage nach den Anerkennungsmöglichkeiten, die Grund für die Förderung durch den Bund und die Länder waren.

Weitere ähnliche Profiling-Tools sind der britische „NVQ – National Vocational Qualifications" (s. Käpplinger, 2002, S. 8 ff.), die „Kompetenzbiographie" nach Erpenbeck & Heyse (2007), die „bilans des compétences" aus Frankreich (s. Käpplinger, 2002, S. 13 ff.; Käpplinger, 1/2004, S. 118 ff.) und das „schweizerische Qualifikationsbuch – CH-Q" (s. Käpplinger, 2002, S. 15 ff.; Huber-Hanhart, 2000). Diese Messinstrumente decken z. T. formell und informell erworbene Kompetenzen ab. Für detailliertere Informationen zum Vorgehen und den zugrundeliegenden theoretischen Modellen des ProfilPASS* wird an dieser Stelle auf weiterführende Literatur (s. Seidel, 2010; Preißer & Völzke, 2007; Gnahs, 2010, S. 73 ff.; Neß et al., 2007) verwiesen.

KODE* – Kompetenz-Diagnostik und -Entwicklung

Dieses Verfahren hat seit 2004 »*[d]iverse erfolgreiche betriebliche Einsätze in Deutschland, Schweiz, Österreich. Es besteht ein Netzwerk von ca. 470 lizenzierten KODE*-Trainern*« (Erpenbeck, 2007, S. 495).

Ziel des Diagnostik-Tools ist es, die Kompetenzen und ihre Ausprägung unter „normalen" Bedingungen und unter Belastung zu testen und somit auf die Kompetenzentwicklung des

Individuums zu schließen. Die Messung wird – angeleitet durch einen Coach – mit Hilfe von vier Fragebögen (Selbst-, Fremd-, Team- oder Organisationseinschätzung) durchgeführt. Jeder Katalog beinhaltet 120 Fragen, die auf Basis einer Skala (4 – „trifft am meisten zu" bis 1 – „trifft am wenigsten zu") quantifiziert werden müssen. Nach der Auswertung erfolgen entweder (a) standardisierte Empfehlungen, (b) eine Besprechung der Ergebnisse insb. der Besonderheiten oder (c) ein intensives, individuelles Gespräch über Schwachstellen und Stärken im Profil und Verbesserungs-/Trainingsmöglichkeiten zur positiven Weiterentwicklung (vgl. Preißer & Völzke, 2007, S. 66; Erpenbeck, 2004, S. 13 ff.).

Das Verfahren wird v. a. im Recruiting, der Personalentwicklung und -förderung bzw. der Karriereplanung und zur Organisations-/Teamentwicklung genutzt. Gegenstand der Messung sind die vier definierten Kompetenzbereiche: Fach- und Methodenkompetenz, sozial-kommunikative Kompetenz, personale Kompetenz und Aktivitäts- und Handlungskompetenz (vgl. Erpenbeck & von Rosenstiel, 2007, S. XXIII f.).

Nachteile von KODE[*] sind die Subjektivität des Individuums bei der Selbsteinschätzung, das Wissen über Fähigkeiten muss ansatzweise vorhanden sein, der nötige Aufwand (Betreuer, Zeit und Kosten) zur Durchführung und die Abhängigkeit des Ergebnisses von der Qualität und Erfahrung des Trainers. Zudem wird von Seiten des Autors von einer fachlich-methodischen Kompetenz gesprochen, die aufgrund des standardisierten Fragebogens keine fachspezifischen Themen aufgreifen und deshalb de facto nicht fachlich im Sinne der verbundweiten Begriffsauffassung sind.

Genauere, detailliertere Informationen geben die folgenden Quellen: Erpenbeck (2004; 2007) und Preißler & Völzke (2007).

Kasseler-Kompetenz-Raster (KKR)

»*Das elaborierteste psychologische Verfahren zur Kompetenzmessung im Kontext der Diskussion um Kompetenzentwicklung und Arbeitseignung ist zur Zeit [März 2003] das Kasseler-Kompetenz-Raster*« (Gillen, 2003, S. 8). Es stellt ein standardisiertes Beobachtungsinstrument für die Zusammenarbeit in Gruppen dar und lässt, ausgehend vom Zusammenspiel der Akteure, Rückschlüsse auf die einzelnen Teilnehmer zu. Die Messung deckt wiederum die vier erwähnten Kompetenzbereiche (vgl. Erpenbeck & von Rosenstiel, 2007, S. XXIII f.) ab. Es werden Stärken und Schwächen identifiziert und Entwicklungsstrategien und -maßnahmen abgeleitet.

Es wird ein möglichst authentisches Umfeld simuliert, in dem eine aktuelle Optimierungsaufgabe gestellt wird; ihr Ziel ist unbekannt. Nach der maximal zweistündigen Gruppendiskussion (fünf bis sieben Teilnehmer) werden die Aussagen von unbeteiligten Beobachtern entsprechend dem KKR (vgl. Kauffeld et al., 2007, S. 231; Kauffeld, 2003) kodiert. Die Häufigkeitsverteilung der positiven Äußerungen, bilanziert mit den negativen Einheiten, gibt Aufschluss über die Ausprägung einer Kompetenz in der gesamten Gruppe oder bspw. für einzelne Akteure. Dabei werden auch implizite Kompetenzen erfasst. Das Verfahren findet Einsatz im personalwirtschaftlichen Umfeld.

Schwachstellen des KKR sind die Generalisierung der Handlungsmuster, die Beschränkung auf ein Thema und der Aufwand (Einführungsveranstaltung, evtl. Videoaufnahme, Nachbesprechung). Für genaue Ausführungen wird auf Gillen (2003, S. 8 f.), Kauffeld (2003) und Kauffeld et al. (2007) verwiesen.

Assessment Center

Das Assessment Center (engl. to assess „abschätzen"; center „Mittelpunkt") wurde in den 1920er Jahren von Psychologen der Reichswehr in Deutschland entwickelt, um angehende Offiziere zu selektieren. Heute »gibt [es] kaum einen großen Namen in der deutschen Wirtschaft, der nicht mit der Durchführung von Assessment Centern herumlaboriert« (Hesse & Schrader, 2008, S. 13).

Zweck ist es, die Reaktionen und Handlungsdefizite zu identifizieren und, anhand der Ergebnisse, das Verhalten in bestimmten Situationen zu prognostizieren (vgl. Gillen, 2003, S. 10). Eingesetzt wird das Assessment Center beim Recruiting komplementär zum klassischen Vorstellungsgespräch. Die Bewerber werden Aufgaben und Situationen ausgesetzt, die direkten Bezug zum zukünftigen Arbeitsalltag haben (z. B. mündlich: Vorstellungsrunden, Interviews, Fallstudien, Diskussionen, Rollenspiele, Präsentationen; schriftlich: Persönlichkeits-, Intelligenz-, Konzentrationstests, z. T. auch Fallstudien). Die Teilnehmer werden bei der Bearbeitung beobachtet und durch das „Buying-Center" bewertet. Dabei werden je nach Aufgabentypus die Persönlichkeit, Leistungsmotivation, Berufserfahrung und fachliche Qualifikation mittels Skalen oder qualitativ mittels Deskription beurteilt (vgl. Hesse & Schrader, 2008, S. 15 ff.; Gillen, 2003, S. 10).

Bei der Einschätzung des Verfahrens fällt auf, dass versucht wird, eine konstruierte Realitätsnähe der Aufgabenstellungen zu schaffen, deren Generalisierbarkeit fragwürdig erscheint. Die vielfältigen Eigenschaften einer erfolgreichen Führungskraft können nicht umfassend erfasst werden. Zudem wirken viele Einflussfaktoren auf die Entwicklung ein, wodurch keine zuverlässige Prognose möglich ist (vgl. Hesse & Schrader, 2008, S. 14 f.).

Neben der genannten Literatur, kann weiterführend auf Eck et al. (2010) verwiesen werden.

Zusammenfassung

Die vorgestellten Instrumente der Kompetenzdiagnostik sind in der nachfolgenden Tabelle aggregiert und anhand der beschriebenen Dimensionen geclustert.

Tabelle 2: Übersicht der betrachteten Möglichkeiten zur Kompetenzmessung über die Dimensionen Messobjekt, Blickwinkel, Erhebungsform und Einsatzort nach Gillen (2003, S. 8 ff.)

Messmethode	Einsatzort			Messobjekt		Blickwinkel		Erhebungsform		
	(berufs-) pädagogisch	wirtschafts-wissenschaftl.	psychologisch	fachliche Kompetenzen	überfachliche Kompetenzen	Selbst	Fremd	Befragung	Beobachtung	Leistung[1]
Leistungsnachweise	X			X	(X)		X	x^2	x^2	x^2
ProfilPASS*	(X)	X		X	X	X			X	
Kode*		X		X	X	X	X			
Assessment Center	X			(X)	X		X		X	
KKR			X	(X)	X		X		X	

[1]) Hier: Eine Aufgabenstellung, die aktiv gelöst werden soll; Ergebnis/Lösungsweg wird bewertet.
[2]) Je nach Prüfungsart (s. Tabelle 1, S. 10).

2.2 Denkansatz des Constructive Alignment

Im Nachgang zur Vorstellung der genannten Messverfahren, wird an dieser Stelle kurz auf einen wichtigen Sachverhalt eingegangen, der in der Forschung bereits seit längerer Zeit Beachtung findet und durch den Wandel zur output-/outcome-/kompetenzorientierten Lehre nun noch stärker in den Fokus gerät.

Es besteht die Hypothese, dass sich Lernende nur die für die Prüfung nötigen Inhalte aneignen, aber nicht nachhaltig lernen – der sog. „backwash effect" (s. Brabrand, 2008, S. 6). Die Idee des Constructive Alignment beruht auf dem Versuch, Lehrziele (des Lehrenden), Lernergebnisse (des Lernenden) und die Leistungsmessung in Einklang zu bringen (s. Abbildung 5). Eine kompetenzorientierte Lehre kann demnach nur durch die Kompatibilität der Veranstaltungsformate und Messmethoden im Hinblick auf die jeweiligen

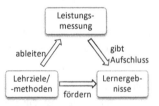

Abbildung 5: Abgestimmter Zusammenhang der Lehrziele, der Lernergebnisse und der Leistungsmessung im Constructive Alignment (in Anlehnung an Brabrand, 2008, S. 5)[1]

intendierten Kompetenzen gelingen. Zudem sind die Messbarkeit und das Kommunizieren der Intention gegenüber den Lernenden von besonderer Wichtigkeit (vgl. Brabrand, 2008, S. 5 ff.; Romeike, 2010, S. 39). Demnach umfasst die outcome-orientierte Lehre nicht nur die Lehrinhalte, sondern impliziert auch neuartige kompetenzorientierte Prüfungsformen – denn »[e]ntsprechend breit muss auch die Umsetzung in Aufgaben und Tests gestaltet sein« (Klieme, 2004, S. 13) –, die den Backwash-Effekt verhindern.

---

[1] (Brabrand, 2008, S. 5; With kind permission of Springer Science+Business Media.)

2.3 Modelle zur Beschreibung und Klassifizierung von Kompetenzen

Um fachliche und übergreifende Kompetenzen im (hoch-)schulischen Kontext verifizieren zu können, ist es nötig sich, Klassifizierungsschemata (auch Taxonomie, Kompetenzmodell) zu bedienen, die nicht nur die Quantität der Kompetenzen widerspiegeln, sondern auch die Qualität des einzelnen Fachgebietes. Nur wenn diese Parameter bekannt sind, können (wie in Abbildung 1, S. 3, beschrieben) Lehrziele formuliert und Lehr-Lern-Konzepte entwickelt werden. *»Will man [weiterhin] die Testentwicklung an Kompetenzmodellen orientieren, müssen Testaufgaben erstellt werden, die jeweils genau das erfassen, was für ein bestimmtes Niveau charakteristisch ist«* (Klieme, 2004, S. 13) (vgl. dazu Abbildung 5).

Vor diesem Hintergrund wird im Folgenden auf mögliche Systematiken zur Klassifizierung von Kompetenzniveaus eingegangen. Neben den weltweit bekanntesten Theorien, die hier kurz präsentiert werden, gibt es weitere unzählige Strukturierungen, die v. a. in der Forschung entwickelt werden resp. wurden; z. B. die SOLO-Taxonomie (vgl. Biggs & Tang, 2007, S. 77 ff.) oder die Academic Competencies Quality Assurance – ACQA (vgl. Meijers et al., 2005, S. 3 ff.).

2.3.1 Taxonomie nach Bloom et al. (1956)

Die wohl verbreitetste und bekannteste Taxonomie ist die von Bloom (1956), die sich mit der Klassifizierung von „Lernzielen" – den *»beabsichtigten Ergebnisse[n] des Erziehungsprozesses«* (Bloom et al., 1974, S. 26) – befasst. Im Rahmen dieser Arbeit und im Verbund wird diese Definition als „Lehrziel" bezeichnet, da sie die Sicht des Lehrenden widerspiegelt. Folgende sechs subsumtiven – d. h. eine höhere Klasse schließt alle untergeordneten ohne Ausnahme ein – Stufen werden beschrieben.

Tabelle 3: Übersicht der Klassifikationsniveaus in der Bloom-Taxonomie in aufsteigender Reihenfolge (vgl. 1974, S. 31 ff.; Claren & Sedelmaier, 2012b, S. 4)

Klasse	Beschreibung
Wissen (engl. knowledge)	Informationen wiedererkennen und reproduzieren können. (vgl. Bloom et al., 1974, S. 71)
Verständnis (engl. comprehension)	Wissen übersetzen, interpretieren und extrapolieren können. (vgl. Bloom et al., 1974, S. 98 f.)
Anwendung (engl. application)	Informationen verstehen und/oder ableiten, um sie auf eine bestimmte Aufgabe anwenden zu können. (vgl. Bloom et al., 1974, S. 130)
Analyse (engl. analysis)	Auflösung der Informationen in Teile, Entdeckung von Beziehungen und Erkennen der Organisation. (vgl. Bloom et al., 1974, S. 156 f.)
Synthese (engl. synthesis)	Einzelne Elemente des Wissens zusammenfügen und neu kombinieren zu können. Die spätere Struktur ist vorher nicht bekannt. (vgl. Bloom et al., 1974, S. 174)
Bewertung/Evaluation (engl. evaluation)	Ideen/Theorien/Methoden etc. zu einem bestimmten Zweck bewerten können. (vgl. Bloom et al., 1974, S. 200)

2.3.2 Angepasstes Modell von Anderson und Krathwohl (2001)

2001 veröffentlichten Anderson et. al die überarbeitete Bloom-Taxonomie. Drei grundlegende Änderungen wurden vorgenommen: (a) die Ausprägungsstufen werden nicht durch Substantivierungen repräsentiert, sondern durch die Verbform, da dies der Formulierung von Lehrzielen näher kommt; (b) die beiden letzten Ausprägungsstufen sind in ihrer Reihenfolge vertauscht (vgl. nebenstehende Auflistung); (c) die hierarchische Struktur der

Tabelle 4: Gegenüberstellung der Taxonomien von Bloom et al. (1956) und Anderson et al. (2001, S. 28)

(Bloom et al., 1956)	(Anderson et al., 2001)
Knowledge	Remember
Comprehension	Understand
Application	Apply
Analysis	Analyze
Synthesis	Evaluate
Evaluation	Create

Stufen ist z. T. aufgebrochen, da die Subsumption entfällt; trotzdem besteht weiterhin die Hierarchie in der Komplexität (vgl. Anderson et al., 2001, S. 28).

2.3.3 EVELIN-Taxonomie und -Kompetenzraster

Als Hilfsmittel auf dem Weg zur Verbesserung der Lehre soll eine Taxonomie verwendet werden, die die Bedürfnisse im Projekt EVELIN erfüllt und nicht zusätzliche Probleme schafft. Die bereits genannten Modelle bringen allerdings Eigenschaften mit sich, die für den Einsatz im Projekt als problematisch, bzw. nach dem Verständnis der Mitarbeiter im Verbund als nicht passend, eingestuft werden. Denn zum einen werden Kompetenzen betrachtet, keine Lehrziele; diese ergeben sich erst in einem nächsten Schritt durch die Ableitung der Kompetenzen und der jeweiligen Ausprägung (s. Abbildung 1, S. 3). Zum anderen ist ein striktes Subsumieren aller Klassifikationsstufen im Sinne der Auffassung der Ausprägungen nicht durchgängig sinnvoll (vgl. Bloom et al., 1974; Anderson et al., 2001). Auch angesichts der Relevanz die Vergleichbarkeit im Verbund zu schaffen und zu gewährleisten, wird an dieser Stelle ein eigenes Klassifikationsschema erläutert, das den individuellen Anforderungen – i. Ggs. zu bestehenden Verfahren – gerecht wird.

EVELIN-Taxonomie für fachliche Kompetenzen

Abbildung 6 zeigt die Zusammenhänge zwischen den Niveaustufen in der EVELIN-Taxonomie und verdeutlicht, dass, anders als bei Bloom et al. (vgl. 1974, S. 32), eine Ausprägungsebene nicht automatisch in höheren Stufen subsumiert ist. Zudem demonstriert die Graphik, dass (i. Ggs. zu Bloom et al., 1974, S. 31; Anderson et al., 2001, S. 28) keine lineare Abhängigkeit zwischen den einzelnen Niveaus besteht.

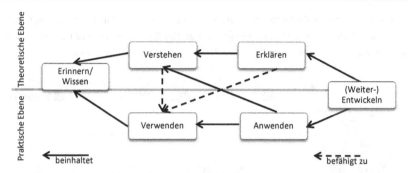

Abbildung 6: Das Klassifizierungsschema im EVELIN-Projekt (vgl. Claren & Sedelmaier, 2012a, S. 650)

Diese Möglichkeit zur Gliederung von Ausprägungsstufen für Kompetenzen im Projekt EVE-LIN wurde von den pädagogischen Kolleginnen und Kollegen am Verbundstandort Coburg entwickelt. Sie wird von den beteiligten Standorten konsensuell genutzt. Ergänzend zur obigen Darstellung werden für die einzelnen Kategorien kurze, prägnante Definitionen fixiert (s. Tabelle 5), die ein im Projekt einheitliches Verständnis für die Begriffe schaffen sollen.

Tabelle 5: Übersicht der EVELIN-Taxonomie für fachliche Kompetenzen (vgl. Claren & Sedelmaier, 2012b, S. 13 ff.; Claren & Sedelmaier, 2012a, S. 648 ff.)

Klasse	Beschreibung
Erinnern/wissen	Sich an Informationen erinnern und diese reproduzieren können.
Verstehen	Den Sinn/die Bedeutung von Informationen für sich persönlich zu verstehen.
Erklären	»Zusammenhänge, Abhängigkeiten und Ähnlichkeiten zwischen Informationen zu erkennen und in eigenen Worten erklären zu können« (Claren & Sedelmaier, 2012a, S. 648); (z. B.: Ursache/Wirkung, Vor-/Nachteile).
Verwenden	Eine definierte praktische Aktivität mit Hilfe einer Anleitung und unter identischen Bedingungen ausführen. (Verstehen muss nicht inbegriffen sein.)
Anwenden	Eine praktische Tätigkeit selbstständig ausführen resp. passende Lösungen auswählen und nutzen. (Dabei spielt Verstehen eine Rolle.)
(Weiter-)Entwickeln	Vorhandenes Wissen nutzen, um neue Lösungen zu entwickeln bzw. weiter zu entwickeln.

EVELIN-Kompetenzraster

Eine Weiterentwicklung dieser Taxonomie stellt das EVELIN-Kompetenzraster dar, das ebenfalls beim Verbundpartner in Coburg im pädagogischen Tandem entstanden ist. Es handelt sich hierbei um eine Matrix, deren Abszissenachse die Ausprägungsstufen, in der Reihenfolge Erinnern – Verstehen – Erklären – Verwenden – Anwenden – (Weiter-)Entwickeln, repräsentiert. Die y-Achse kann durch eine Auflistung an Kompetenzen mit beliebiger Auswahl, Nomenklatur und Detaillierung gefüllt werden (s. Tabelle 6, S. 18).

Das Raster soll sowohl für fachliche als auch allgemeinbildende Kompetenzen genutzt werden können. Dafür kann der Detaillierungsgrad von fachlichen Kompetenzen je nach Bedarf variieren und das entsprechende Niveau (s. Tabelle 5, S. 17) eingetragen werden.

Tabelle 6: Beispiel eines Rasters für fachliche Kompetenzen (in Anlehnung an Figas et al., 2013, S. 5)

	Erinnern	Verstehen	Erklären	Verwenden	Anwenden	Entwickeln
Fachkompetenz 1		X				
Fachkompetenz 2				X		
...						
Fachkompetenz n			X			

Für Schlüsselkompetenzen müssen die Kompetenzdimensionen in Indikatoren operationalisiert werden (s. Joseph, 2013, S. 6 ff.) und eine Alternative zur Bewertung i. Ggs. zu fachlichen Kompetenzen genutzt werden. Ein möglicher Ansatz kann der Vorschlag der Δ-Wertung (vgl. Schwirtlich, 2013, S. 18 ff.) sein.

Vorschlag einer Taxonomie für überfachliche Kompetenzen (Δ-Wertung)

Noch dramatischer als bei fachlichen Kompetenzen ist die Inhomogenität der Vorkenntnisse von Lernenden bei Schlüsselkompetenzen. Da hier eine Klassifizierung der Ausprägung anhand der definierten Stufen für fachliche Kompetenzen (s. Tabelle 5, S. 17) als nicht sinnvoll erscheint, wurde eine ähnliche Taxonomie in Anlehnung an das Kompetenzraster (s. Figas et al., 2013) entwickelt. Statt der Bezeichnung der Klassen mit Vokabeln wird eine Intervallskala eingesetzt (1 – „sehr gering"... 6 – „sehr hoch"), die auf den sechs Stufen der Taxonomie beruht, aber für individuelle Bedürfnisse in der Anzahl variabel ist. Dieser Wert gibt an *»welchen Vertiefungsgrad ein Studierender im Verlauf der Lehrveranstaltung (oder auch über das Studium) erreichen soll«* (Schwirtlich, 2013, S. 19). Somit kann aufgezeigt werden, was intendiert ist und die Vorlesung leisten kann. Im Idealfall entspricht diese Ausprägung dem Ist-Kompetenzprofil des Studierenden nach der Lehrveranstaltung, ungeachtet der Eintrittsqualifikation.

ÜFK	Δ - Wertung					
	1	2	3	4	5	6
Kreativität					X	
Debattieren und Argumentieren			X			
Teamfähigkeit			X			
Recherchieren		X				

Abbildung 7: Δ-Wertung beispielhaft ausgefüllt (Schwirtlich, 2013, S. 20)

Der Detaillierungsgrad der Kompetenz – in Teilkompetenzen oder Indikatoren – ist ebenso individuell anpassbar wie die Intervallskala. Die Messbarkeit des Ist-Zustandes eines einzelnen Studierenden kann hierbei wiederum durch Indikatoren, wie bei Joseph (2013, S. 6 ff.)

beschrieben, hergestellt werden. Für weitere Informationen zur Δ-Wertung wird auf Schwirt-lich (2013, S. 18 ff.) verwiesen.

2.4 Kompetenzen auf dem Gebiet Software Engineering

Im Folgenden wird zum einen die Lehrveranstaltung Software Engineering an der Hochschule Aschaffenburg im Studiengang Mechatronik, wie sie im SS 2013 von Herrn Prof. Dr.-Ing. Jörg Abke gehalten wurde, nach Kompetenzen analysiert. Für fachspezifische Kompetenzen wird einerseits das Modulhandbuch genutzt, andererseits wird ein Kompetenzraster (vgl. Abschnitt 2.3.3) basierend auf dem SWEBOK° angefertigt. Zudem werden die intendierten fachlichen Kompetenzen erhoben. Die überfachlichen Kompetenzen wurden bereits in der Arbeit von Schwirtlich (2013, S. 66) in die beschriebene Δ-Wertung (vgl. 2.3.3) eingepflegt und werden an dieser Stelle lediglich vorgestellt.

2.4.1 Fachliche Kompetenzen

2.4.1.1 Bestandsaufnahme IM SS 2013

Im **Modulhandbuch** vom 29.09.2011 – diese Version ist für die Studierenden gültig, die Lehrveranstaltung im SS 2013 besucht haben (Prämisse: Bis dato in Regelstudienzeit) – wird das Modul „H03 M Software Engineering" im Curriculum des Studiengangs Mechatronik inhaltlich wie folgt beschrieben:

Die Voraussetzungen sind Grundkenntnisse in der Programmierung, die durch das Modul „G08 M Informatik", das sich in zwei Vorlesungen inklusive Übungen zur praktischen Vertiefung im ersten (Informatik I) und zweiten Semester (Informatik II) aufteilt, abgedeckt sind.

Als Lernziel beschrieben, nach der Definition in Kap. 2.3.1 aber als Lehrziel gemeint, ist das Wissen von *»Methoden zur Planung und Durchführung von Softwareprojekten«* (HAB, 2011, S. 19). Dazu gehören laut Modulhandbuch (2011, S. 19): *»Systematischer Software-entwurf: Anwendung von Verfahren und Methoden für die Software- und Projektplanung, Softwarelebenszyklen, Anforderungsspezifikation, Analyse und Entwurf von Software mit der Unified Modelling [sic] Language, Software-Test, Configuration Management, Qualitätssicherung und Dokumentation«.*

In der Beschreibung werden acht Kompetenzen aufgezählt, wobei lediglich eine Ausprägungsstufe genannt wird. Aus dem Text geht nicht eindeutig hervor, ob die Niveauklasse „anwenden" nur auf die erstgenannte Kompetenz bezogen ist oder für alle erwähnten Wissensbereiche gilt. Zudem muss an dieser Stelle die Frage nach der Vollständigkeit der Auflistung gestellt werden. Zusammengefasst ist die Beschreibung des Moduls insgesamt sehr kurz gehalten, daher wenig aussagekräftig und wird im Folgenden nicht weiter betrachtet.

Um ein umfassenderes Profil der intendierten Kompetenzen aufstellen zu können, soll im nächsten Unterpunkt eine weitere Literaturquelle genutzt werden.

Das **SWEBOK** – Software Engineering Body of Knowledge – entstand 1993-1998 in einem Projekt des IEEE in Zusammenarbeit mit der Association for Computing Machinery (kurz ACM) und stellt ein Kompendium im Bereich Softwaretechnik dar, wobei das Dokument nicht als statisch anzusehen ist, was sich in den verschiedenen veröffentlichten Versionen widerspiegelt. Das Komitee schloss sich aufgrund der gesellschaftlichen Verantwortung und der Notwendigkeit eines Standardwerkes zusammen. Dieses soll z. B. das professionelle Arbeiten im Fachgebiet, Entwickeln von Kriterien für Zertifikate und das Aufbauen von Curricula ermöglichen bzw. verbessern (vgl. Abran et al., 2004, S. VII f.). Das SWEBOK beinhaltet zehn Themengebiete, die sich auf drei Unterebenen aufgliedern und die Disziplin somit umfassend und detailliert widergeben. Zudem wird es mittlerweile verbundweit als Katalog für Fachkompetenzen genutzt.

Zur Bestandsaufnahme der Lehrveranstaltung im SS 2013 am Standort Aschaffenburg werden die zehn Knowledge Areas (KAs) bis auf die zweite Subarea (SA) als y-Achse des EVELIN-Kompetenzrasters (vgl. 2.3.3) instrumentalisiert. Um die im SWEBOK applizierten Kapitelüberschriften genauer zu präzisieren und mit den Inhalten der Lehrveranstaltung abgleichen zu können, werden zu jedem Unterkapitel genaue Informationen resp. Definitionen mit Hilfe der entsprechenden Texte im SWEBOK erstellt (s. Anhang A.1). Anschließend erfolgt die Eingruppierung der Teilkompetenzen in Ausprägungsstufen.

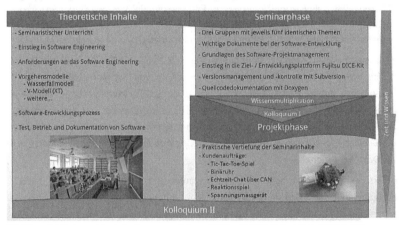

Abbildung 8: Gliederung der Lehr-/Lernveranstaltung SWE im SS 2013 (Schwirtlich, 2013, S. 51)

Die Lehr-/Lernveranstaltung kann in drei Segmente unterteilt werden. Diese sind chronologisch in Abbildung 8 erkennbar und bestehen aus einem Vorlesungsteil, der Seminar- und der Projektphase. Diese Unterteilung ist im Kompetenzraster (s. Anhang A.1) durch farbliche Differenzierung kenntlich gemacht (Erläuterung s. Legende des Kompetenzrasters).

Bei dem ausgefüllten fachlichen Kompetenzraster (s. Anhang A.1) ist festzustellen, dass in der Grundlagenveranstaltung an keiner Stelle eine Prägung in der Tiefe der Klasse „(Weiter-)Entwickeln" stattfindet. Die Möglichkeit vorhandenes Wissen zu nutzen, um grundlegend neue Lösungen zu entwickeln, wird vom Standort Aschaffenburg bei Studierenden frühestens bei einer Erstellung einer Bachelor- oder Masterarbeit gesehen.

2.4.1.2 Intendierte Kompetenzen

Die Intention des Dozenten (Herr Prof. Dr.-Ing. Abke) wird von ihm selbst in ein vordefiniertes Kompetenzraster eingepflegt, welches die Basis für die spätere Erhebung bildet. Es handelt sich dabei aufgrund der zeitlichen Limitierung der Befragungsdauer um eine verkürzte Version des Rasters auf Basis des SWEBOKs*.

Das so erstellte EVELIN-Kompetenzraster, soll im Weiteren mit den aus der Befragung ermittelten Soll-Kompetenzen aus Arbeitsmarktsicht verglichen werden (s. Kap. 4.2) und befindet sich in Anhang A.2.

2.4.2 Überfachliche Kompetenzen

Wie bei Schwirtlich (2013, S. 22 ff.) beschrieben, ist zunächst die Frage nach einem Katalog für überfachliche Kompetenzen zu klären. Dieser wird in die zwei Bereiche „Methodenkompetenzen" (MK) sowie in „Selbst- und Sozialkompetenzen" (SSK) gegliedert (vgl. Schwirtlich, 2013, S. 22 ff.). Diese Unterteilung entstand durch weitreichende Recherchen auf dem Gebiet der Schlüsselkompetenzen. Weiterhin wurden neben neun – für das Software Engineering wichtige – Selbst- und Sozialkompetenzen, elf relevante Methodenkompetenzen identifiziert und definiert, um Interpretationsspielräume einzudämmen und ein verbundweit identisches Verständnis für die Begrifflichkeiten etablieren zu können. Die so ausfindig gemachten Kompetenzen sind in den nachfolgenden Tabellen nach der genannten Differenzierung aufgelistet und mit kurzen Definitionen versehen.

Tabelle 7: Übersicht der identifizierten Methodenkompetenzen mit Kurzdefinitionen (vgl. Schwirtlich, 2013, S. 24 ff.)

Kompetenz	Beschreibung/Definition
Audiovisuelles Verständnis	Inhalte visuell und/oder auditiv aufnehmen und beurteilen zu können.
Debattieren & Argumentieren	Seine eigene Meinung überzeugend, aber fair vertreten zu können.
Informations- & Kommunikationstechnik (ICT)	Sicher mit Computern umgehen zu können.
Kreativität	Neuartige, konstruktive Lösungen und Ideen zu finden.
Lern- & Arbeitsstrategien	Die Möglichkeiten effektiv und effizient lernen und arbeiten zu können.
Lesetechnik & Informationsverarbeitung	Hilfsmittel und Literatur – z. B. auch Datenblätter – richtig verstehen zu können.
Projektmanagement	Beinhaltet auch den Einsatz von Werkzeugen zur Planung.
Präsentieren & Referieren	Sein Wissen strukturiert und verständlich vermitteln zu können.
Prüfungsstrategien	Eigene und fremde Arbeiten fachlich überprüfen zu können.
Recherchieren	Zielgerichtet nach qualitativ hochwertigen Literaturquellen suchen können.
Wissenschaftliche Texte verfassen	Z. B. zu Dokumentationszwecken (Ziele, Vorgehen und Ergebnisse)

Tabelle 8: Übersicht der identifizierten Selbst- & Sozialkompetenzen mit Kurzdefinitionen (vgl. Schwirtlich, 2013, S. 23 f.)

Kompetenz	Beschreibung/Definition
Kommunikationsfähigkeit	Mit anderen Menschen kommunizieren zu können (d. h. aktives Zuhören, Ausdrucksweise, non-verbale Kommunikation etc.)
Konzentrationsfähigkeit & Durchhaltevermögen	Probleme auch unter widrigen Bedingungen zu meistern, sich nicht zu schnell zufrieden/geschlagen zu geben und z. B. auch Misserfolge zu überwinden.
Kritisch-forschendes Denken	Wahrheiten erkennen und Wissen eigenständig erarbeiten zu können.
Neugierde & Selbstmotivation	Interesse an Neuem zu haben und die Fähigkeit sich selbst begeistern zu können.
Reflexionsfähigkeit	Eigene und fremde Meinungen und Leistungen interpretieren und beurteilen zu können.
Selbstbewusstsein & Selbstvertrauen	Beinhaltet das Wissen über die eigenen Stärken und Schwächen und den Umgang damit.
Selbstständigkeit & Selbstverantwortung	Eigenständig arbeiten und Wissen zum Schließen von Lücken erwerben können.
Soziale Verantwortung & interkulturelle Kompetenz	Beinhaltet u. a. Toleranz, Fairness, Solidarität und Sensibilität im Umgang mit anderen Menschen.
Teamfähigkeit	Aktives Engagement in der Gruppe und Verantwortung für andere übernehmen zu können.

Neben der Identifikation und Beschreibung von ÜFKs hat Schwirtlich weiterführend eine Einschätzung der Ausprägung im Modul SWE in SS 2010 und 2012 mit Hilfe der entwickelten Δ-Wertung vorgenommen. Eine Aufnahme für das SS 2013 muss noch erstellt werden. Zudem wurde eine Wertung vom Dozenten mit dessen Absichten zur Prägung überfachlicher Kompetenzen ausgefüllt. Dieses Profil intendierter überfachlicher Kompetenzen ist dem Anhang A.2 beigefügt.

Die Messbarkeit und Feststellung des Ist-Zustandes bei einzelnen Studierenden kann durch Indikatoren, wie bereits beschrieben (s. Kap. 2.3.3) (vgl. Joseph, 2013, S. 6 ff.), erfolgen.

3 Soll-Kompetenzermittlung durch Primärdatenerhebung

Die in diesem Kapitel enthaltenen Unterpunkte beinhalten alle Schritte der Primärdatenerhebung, die im Rahmen dieser Arbeit erfolgen. Die aufeinanderfolgenden Teilphasen der Untersuchung sind in der untenstehenden Abbildung verdeutlicht dargestellt.

Abbildung 9: Phasen im Prozess der Datenerhebung und -auswertung (in Anlehnung an Klimmer, 2012, S. 6 ff.; Homburg, 2012, S. 244 ff.; Berekoven et al., 2006, S. 21 ff.; Hair et al., 2008, S. 29; Gold et al., 2014, S. 102)[4]

Abschnitt 3.1 befasst sich mit der Definitionsphase, d. h. mit der Analyse der Randbedingungen und den sich ergebenden Forschungsinhalten. Anschließend erfolgt die Planung, die die Festlegung der Leitfragen, die Auswahl der Stichprobe und der Untersuchungsvariablen sowie der Erhebungsmethode umfasst (s. Kap. 3.2). Die dritte Teilphase stellt die eigentlich Erhebung der Daten (vgl. Abschnitt 3.3) dar, die ausgewertet, interpretiert und mit den in Kapitel 2.4 beschriebenen bzw. entwickelten Informationen verglichen werden sollen.

3.1 Definitionsphase: Analyse der Randbedingungen

Es stellen sich im Vorfeld zur eigentlichen Erhebung vier zentrale Fragen (vgl. Klimmer, 2012, S. 5 ff.; Hair et al., 2008, S. 31 ff.; Homburg, 2012, S. 251 ff.)[5]:

1. **Woraus ergibt sich der Informationsbedarf?**
   Der Informationsbedarf ergibt sich aus dem Bedürfnis der Qualitätssicherung, der Immaterialität des Lehrstoffs und dem Mangel einer theoretischen Fundierung sowie einer fachbezogenen Didaktik im SWE.
2. **Worüber soll Kenntnis erlangt werden?**
   Es sollen Antworten auf die Frage nach Soll-Kompetenzen aus Sicht des Arbeitsmarktes für die Arbeit im Software Engineering gefunden werden. Diese Daten müssen mit Hilfe einer Primärerhebung ermittelt werden.
3. **Wer ist die Grundgesamtheit/Zielgruppe der Untersuchung?**
   Es werden sowohl Arbeitnehmer, als auch Arbeitgeber – die durch leitende Angestellte verkörpert werden – zu (über-)fachlichen Kompetenzen befragt.

---

[4] (Homburg, 2012, S. 244 ff.; With kind permission of Springer Science+Business Media.) (Hair et al., 2008, S. 29; With kind permission of McGraw-Hill Education.) (Gold et al., 2014, S. 102; © 2014 IEEE. Reprinted, with permission.)

[5] (Homburg, 2012, S. 251 ff.; With kind permission of Springer Science+Business Media.)

4. Welche Ressourcen sind für die Erhebung verfügbar?

Der zeitliche Rahmen ist durch die von der Hochschule Mannheim vorgegebene Bearbeitungszeit der Masterarbeit von sechs Monaten begrenzt.

3.2 Designphase: Entwicklung des Forschungsdesigns

In den folgenden Unterpunkten werden die Untersuchungs-/Erhebungseinheiten (s. Kap. 3.2.1) und Erhebungsvariablen (s. Kap. 3.2.2) definiert bzw. identifiziert. Aufbauend erfolgt die Auswahl des Erhebungsverfahrens, des Forschungsansatzes sowie der Form der Datenerhebung. Die Fragenentwicklung anhand der fixierten Leitfragen (s. Kap. 3.2.4) sowie die Pretests (s. Kap. 3.2.4.3) sind in den genannten Abschnitten dargelegt. Das Unterkapitel schließt mit einer kurzen Betrachtung des Bayerischen Datenschutzgesetzes (BayDSG), das die Planung der Erhebung vervollständigt.

3.2.1 Kriterienbestimmung und Auswahl der Untersuchungsobjekte

Das Hauptkriterium zur Auswahl der Befragten ist die berufliche Tätigkeit im Software Engineering. Weiterhin lassen sich die zu befragenden Zielgruppen der zweidimensionalen Betrachtung allgemein nach folgenden drei Dimensionen bzw. Kriterien unterscheiden und definieren: Räumlich/makro-geographisch, zeitlich und sachlich.

Segmentierung der Unternehmen

- Räumlich: Die HAB hat aufgrund der zahlreichen umliegenden Städte mit akademischen Institutionen (z. B. Frankfurt, Würzburg, Darmstadt etc.) eher regionalen Einfluss bei der Studienortwahl.

  In diesem Zusammenhang bedarf der Begriff „regional" genauerer Definition. Mögliche Interpretationsmöglichkeiten sind u. a. die Metropolregion Frankfurt am Main, die Region „Rhein-Main" oder die Region „Bayerischer Untermain" als westlichster Planungsraum Bayerns (s. Abbildung 10). Diese Einteilungen beruhen auf geographischen Bundesländer-, Landkreis- und Planungsgrenzen und stellen kein realistisches Einzugsgebiet der HAB dar. Infolgedessen erfolgt die räumliche Segmentierung der Unternehmen mit Hilfe eines Umkreises, dessen Radius 70 km beträgt (s. Abbildung 11).

Abbildung 10: Deutschlandkarte mit den Planungsräumen in Bayern (umrandet), der Region „Rhein-Main" (flächig) und der Metropolregion Frankfurt (schraffiert)

Diese Auswahl kann durch die Einfassung größerer Städte mit universitären Einrichtungen begründet werden, die zum einen Standort von relevanten Unternehmen und zum anderen Konkurrenz zur HAB darstellen.

Die Auswahl kann durch eine Absolventenbefragung im WS 2012/13 über alle Studiengänge hinweg verifiziert werden; so sind mehr als 60 % der Absolventen im Umkreis von 50 km um Aschaffenburg tätig.

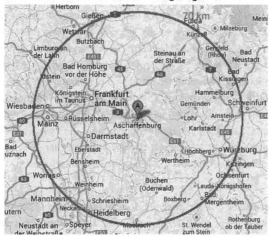

Abbildung 11: Regionale Eingrenzung der Erhebungseinheiten im Rahmen der Unternehmensbefragung auf einen Radius von 70 km um den Standort der HAB

- Zeitlich: Es handelt sich bei der Erhebung im Rahmen dieser Arbeit um eine einmalige, temporär gesehen, punktuelle Befragung zur Beantwortung der aktuellen Fragestellungen im Projekt EVELIN. Um die Aktualität der Daten auch zu späteren Zeitpunkten sicherstellen zu können, wären weitere Erhebungen im zeitlichen Verlauf und infolge des gesellschaftlichen und technologischen Wandels sinnvoll und erstrebenswert.

- Sachlich: Eine Eingrenzung über Branchen o. ä. ist im Bereich SWE nicht möglich, da der Einsatz von Software in nahezu jedem Wirtschaftszweig erfolgt und aufgrund der differenzierten Bedürfnisse auch entwickelt wird. Daher würde eine branchenspezifische Zerlegung des Marktes die Chancen auf die Aggregation divergierender Meinungen beschneiden. Da die Ausgangslage allerdings den Studiengang Mechatronik im Fokus hat, ist v. a. die Betrachtung der Bereiche Industrie und Dienstleistung sinnvoll.

Da die Identifikation von Firmen, die Software nicht nur nutzen, sondern auch erstellen, relativ komplex und aufwändig ist, werden zunächst verschiedene mögliche Quellen für die Datensammlung fixiert und auf ihren Informationsgehalt hin untersucht (s. Anhang A.3). Die ergiebigen Bezugsquellen dienen – in Ergänzung zu den Homepages der Unternehmen – der Adressrecherche und sind auf Redundanzen geprüft (s. Anhang A.4). Logischerweise erheben diese Informationen keinerlei Anspruch auf Vollständigkeit. Ihre Datenkonsistenz kann allerdings als gut eingestuft werden, da die Datenbasis von den Unternehmen selbst gegeben und die Quellen maximal drei Jahre alt sind.

Aufgrund der Vielzahl von Firmen kann lediglich ein kleiner Anteil befragt werden. Die Grundgesamtheit ist nahezu nicht ermittelbar. Es handelt sich dementsprechend bei der Befragung der Unternehmen um eine Teilerhebung, die nach den obigen Bedingungen und mit Hilfe der erläuterten Quellen identifiziert werden. Da unterschiedliche Quellen genutzt werden und die Wahrscheinlichkeit, mit der die Firmen in den verwendeten Registern gelistet sind, als rein zufällig/willkürlich einzuordnen ist, kann die Stichprobe als non-probability sampling (engl. „willkürliche/Zufallsstichprobe") und genauer als convenience/judgement sampling (engl. Auswahl der Stichprobe aufgrund einfacher Verfügbarkeit) beschrieben werden (vgl. Hair et al., 2008, S. 133, 138). Insgesamt können Daten von 246 Unternehmen zur Untersuchung herangezogen werden, wobei die tatsächliche Tätigkeit der Firmen im Bereich Software Engineering nicht ohne weitere Analyse sichergestellt werden kann.

Segmentierung von Absolventen

- Räumlich: Es gibt keine explizite geographische Einschränkung bei der Auswahl der Absolventen; diese ergibt sich durch den Abschluss an der HAB, wobei dies de facto keine originär flächenbezogene Angabe ist.

- Zeitlich: Als temporaler Faktor kann hier die Frage nach der begrifflichen Definition der Vokabel „Absolventen" angebracht werden. In erster Linie wird so eine Person genannt, die ihre Ausbildung (d. h. in diesem Fall das Studium) erfolgreich abgeschlossen hat. Zeitlich könnte eine Segmentierung auf Basis der Berufsjahre erfolgen, allerdings ist eine solche Grenze relativ willkürlich. Da der Studiengang Mechatronik erst seit 2002 an der HAB vorhanden ist und 2006 die ersten Absolventen die HAB verließen, erscheint eine zeitliche Eingrenzung als nicht notwendig; zudem ist das Modul SWE seit dem Beginn des Studiengangs Bestandteil des Curriculums und infolgedessen auch hier keine Zielgruppenspezifizierung nötig.

- Sachlich: Die Lehrveranstaltung Software Engineering findet an der HAB nur im Studiengang Mechatronik statt und ist zudem nicht fakultativ. Somit sind in puncto Sachlichkeit keine Einschränkungen der Zielgruppe notwendig bzw. sinnvoll. Einziger Unterschied ist je nach besuchtem Semester der dozierende Professor im SWE. Daher sollte bei einer Befragung der Absolventen diese Information unbedingt abgefragt werden.
(vgl. Gold et al., 2014, S. 102)

Die Identifikation der Absolventen erfolgt durch das Alumniverzeichnis der Hochschule Aschaffenburg. Um möglichst viele Absolventen aus der Stichprobe erreichen zu können, wird auf die als am „beständigsten" eingeordneten Kontaktdaten – die E-Mail-Adressen – zurückgegriffen. Diese Entscheidung beruht auf der Tatsache, dass der Abschluss meist einen Umzug und damit automatisch eine Adressänderung mit sich bringt. Die Mail-Adresse hingegen wird meist beibehalten. Allerdings gehört die private E-Mail-Adresse erst seit ein paar Jahren zu den Pflichtangaben bei der Immatrikulation an der HAB. Trotzdem sind von insgesamt 298 Mechatronik-Absolventen (einschl. dem Abschlussjahrgang 2012) 213 E-Mail-Adressen vorhanden, deren Validität noch ermittelt werden muss.

Unter Erfüllung der getroffenen Anforderungen, umfasst die Stichprobe alle Mitglieder der Gruppe (Mechatronik-Absolvent/in der HAB, deren private E-Mail-Adresse valide ist) und entspricht der Grundgesamtheit. Es kann daher von einer Vollerhebung gesprochen werden.

Erhebungs- und Untersuchungseinheiten

Die beiden Befragungsgruppen (s. Nr. 3, Kap. 3.1) und Ihre Repräsentanten sollen im Folgenden mit Hilfe der Begriffe Erhebungs- und Untersuchungseinheit genauer erläutert werden.

»*Erhebungseinheit ist die Einheit, die einer Stichprobe zugrunde gelegt wird, auf die sich die Auswahl bezieht. Untersuchungseinheit ist die Einheit, auf die sich die Untersuchung bezieht. [...] Die Erhebungseinheit ist entweder identisch mit der Untersuchungseinheit oder umfaßt mehrere Untersuchungseinheiten. Sie ist dann ein Cluster (Klumpen) von Elementen*« (Friedrichs, 1990, S. 126).

Ebenso beschreibt Assenmacher die beiden Einheiten und ergänzt: »*Als Erhebungseinheit bezeichnet man diejenige Einheit, bei der die Erhebung im technischen Sinne durchgeführt wird*« (2003, S. 23). Weiterhin definiert er die Merkmalsträger als Untersuchungseinheiten (Assenmacher, 2003, S. 23). Da die Unternehmen als Erhebungseinheiten (s. Tabelle 9) wiederum durch ihre Mitarbeiter bei der Auskunftserteilung repräsentiert werden, soll hier zudem der Begriff Auskunftseinheit eingeführt und verwendet werden.

Tabelle 9: Festlegung der Untersuchungs-, Erhebungs- und Auskunftseinheiten (in Anlehnung an Friedrichs, 1990, S. 126)

Erhebungseinheit	Untersuchungseinheit	Auskunftseinheit
Arbeitgeber im SWE	Unternehmen im Umkreis von 70 km	Mitarbeiter der Unternehmen (hauptsächlich: Führungskräfte)
Arbeitnehmer im SWE	Absolventen des Studiengangs Mechatronik an der HAB	

3.2.2   Festlegung der Untersuchungsvariablen

Das Untersuchungsthema kann durch die folgenden fünf Leitfragen genauer spezifiziert werden. Sie bilden die Basis der einzelnen Fragen, die abgeleitet und in den jeweiligen Erhebungsformen gestellt bzw. betrachtet werden (s. Anhang A.3).

Leitfragen:

1. **Identifikation von Bedürfnissen:** Welche fachlichen/überfachlichen Kompetenzen sollte ein Absolvent haben, der im Bereich SWE zu arbeiten beginnt?

2. **Verhältnis der Anforderungen:** Wie sollte die Gewichtung der geforderten Kompetenzen sein? D. h. zum einen interkategorial (zwischen Fach- und Schlüsselkompetenzen) und zum anderen intrakategorial (innerhalb der fächerübergreifenden/bereichsbezogenen Kompetenzen).

3. **Einstellungshäufigkeit, -tests und Bewerbungsverfahren:** Wie ist das Informations- und Beschaffungsverhalten der Unternehmen ausgeprägt? Wie oft wird im Bereich SWE eingestellt? Wie versuchen Betriebe die fachliche Eignung von Absolventen und die tatsächliche Qualifikation festzustellen?

4. **Defizite aus Unternehmenssicht:** Wie zufrieden sind Unternehmen mit den Absolventen bzw. wie gut passen Absolventen, die sich bewerben, auf die geforderten Kompetenzen?

5. **Veranstaltungsevaluation der Absolventen:** Wie zufrieden waren die Absolventen mit dem vermittelten SWE-Stoff im jeweiligen Semester?

Neben der Beantwortung der Leitfragen sollen weitere statistische Größen erfasst werden; sowohl Informationen zur befragten Person (z. B. sozio-demografische Daten) als auch aus dem Umfeld derselben (z. B. unternehmensbezogene Fragen). Der genaue Wortlaut der Fragen und die Verwendung in den Erhebungsverfahren werden in Abschnitt 3.2.4 beschrieben.

3.2.3   Auswahl geeigneter Erhebungsverfahren

Um die vorliegende Fragestellung beantworten zu können, muss – wie in Kapitel 1.3 be-schrieben – eine Primärdatenerhebung erfolgen, da das Vorhaben Neuland betritt und dem-entsprechend nicht auf sekundäre Daten zurückgegriffen werden kann. Angesichts der Tat-sache, dass Ergebnisse auf Basis von Beobachtungen in diesem Fall nicht sinnvoll erscheinen, bezieht sich die weitere Betrachtung möglicher Verfahren auf Befragungen, die in der fol-genden Graphik (s. nächste Seite) hierarchisch dargestellt sind.

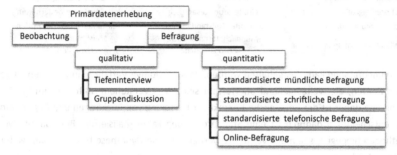

Abbildung 12: Überblick über die Verfahren und Methoden der Primärdatenerhebung (in Anlehnung an Homburg, 2012, S. 256)[6]

Zur Bestimmung eines geeigneten Befragungstyps müssen folgende Punkte kombiniert in Augenschein genommen und ausgewählt werden:

- Qualitative und quantitative Untersuchung
- Befragungsmethoden
- Grundlegender Forschungsansatz: Querschnitt-/Längsschnittuntersuchung

Infolge der Betrachtung können anschließend durchführbare Methoden (s. Abbildung 12) analysiert und verglichen werden, um eine optimale Entscheidung zu treffen.

Qualitative und quantitative Verfahren

Vor einigen Jahren wurden die beiden Verfahren fast ausschließlich getrennt voneinander betrachtet (vgl. Brüsemeister, 2008, S. 35 ff.). Heute hingegen, werden die Methoden oft als Ergänzungen in Kombination eingesetzt. Es gibt verschiedene Unterscheidungsmerkmale zwischen den beiden Kategorien, die in der nachfolgenden Tabelle (s. nächste Seite) aufgelis-tet sind.

---

[6] (Homburg, 2012, S. 256; With kind permission of Springer Science+Business Media.)

Tabelle 10: Unterscheidungsmerkmale quantitativer und qualitativer Erhebungsverfahren (vgl. Flick et al., 2007, S. 17 f.; Brüsemeister, 2008, S. 19; Bortz & Döring, 2006, S. 30 f. + 296 ff.)

Kriterium	Quantitativ	Qualitativ
Forschungszweck	Hypothesen-/theorieprüfend	Hypothesen-/theorieentwickelnd
Forschungslogik	Deduktiv	Induktiv
Betrachtungsweise	Objektiv	Subjektiv
Analyseprinzip	Begründend	Interpretativ
Betrachtungsreichweite	Konzentriert/fokussiert	Offen/breitangelegt
Stichprobengröße	Große Grundgesamtheit	Individuelle Besonderheiten
Grad der Standardisierung	Voll- oder Teilstandardisiert	Teilstandardisiert oder offen
Medium zur Auskunftserteilung	Mündlich, fernmündlich, schriftlich, online	Meist mündlich oder fernmündlich

Zusammenfassend kann festgehalten werden, dass qualitative Verfahren in Gebieten einge-setzt werden, die weitestgehend unerforscht sind; das „Verstehen" steht hier im Vorder-grund und daher ist der persönliche Kontakt zur Einholung von Rückfragen und Begründun-gen entscheidend; dadurch ist eine Standardisierung kaum realisierbar. Bei quantitativen Methoden hingegen, soll meist verifiziert werden, ob eine Hypothese bestätigt oder wider-legt werden kann.

Befragungsmethoden

Die verschiedenen Methoden einer Befragung – z. B. Fragebögen, Interviews, Gruppendis-kussionen etc. – können den quantitativen resp. qualitativen Verfahren nicht exklusiv zuge-ordnet werden. Allerdings ist die Nutzung bestimmter Methoden in Anbetracht des Erhe-bungsverfahrens adäquater (s. Abbildung 12, S. 29).

Die Vor- und Nachteile der einzelnen Befragungsmethoden sind in Tabelle 11 zusammenge-fasst; diese soll helfen, die bestmögliche Wahl für eine Methode zu treffen. Dabei werden insgesamt vier Methoden verglichen, von denen jeweils zwei als eher quantitativ bzw. eher qualitativ einzuordnen sind, wobei sich erstgenannte auf schriftliche, standardisierte und die qualitativen auf mündliche, leitfadengestützte Umsetzungsmöglichkeiten beschränken.

Durch die reine Bilanzierung der Pro- und Kontra-Aspekte in der nachfolgenden Tabelle, kann kein eindeutiger Favorit ermittelt werden. Den wichtigsten limitierenden Faktor dieser Erhebung stellt allerdings der Zeitrahmen dar. Aufgrund dessen ist der zeitliche Aufwand bei der Auswahl eines Erhebungsverfahrens schwerer zu gewichten.

Tabelle 11: Vergleich von unterschiedlichen Befragungsmethoden im Hinblick auf verschiedene Kriterien (in Anlehnung an Klimmer, 2012, S. 16; Homburg & Krohmer, 2008, S. 29; Homburg, 2012, S. 263 f.; Kaps, 2007, S. 3.6; Hüttner & Schwarting, 2002, S. 77)[7]

Kriterium	Quantitativ		Qualitativ		Verbesserungsmöglichkeiten[*]
	Fragebogen schriftlich	Fragebogen online	Telefoninterview	persönliches Interview	
Hohe Rücklaufquote	-	o	+	+	Deadline, Visitenkarte, Anreiz
Adressierung an Auskunftsperson	-	o	+	+	
Kein Einfluss von Dritten	-	-	o	+	
Offenheit für Befragung (vorab)	o	+	-	-	Anreizsystem
Auskunftsbereitschaft (im Verlauf)	-	+	+	+	Anreizsystem
Einfache Nachfassaktionen	-	o	+	+	
Erfassen von Reaktionen (non-verbal)	-	-	o	+	
Reihenfolge der Fragen anpassbar	-	o	+	+	
Einfache Ausdrucksmöglichkeit	-	-	+	+	
Niedriger Aufwand (Zeit/Kosten/Personal)	o	+	o	-	
Kein Interviewer-Bias	+	+	o	-	(Ton-)Aufnahmen
Viel Zeit zur Bearbeitung der Fragen	+	+	-	-	
Variabler Beantwortungszeitraum	+	o	o	-	
Gute Erreichbarkeit (> Umfang)	+	+	o	-	
Anonymität zusicherbar	+	+	-	-	
Identität nachweisbar	-	-	+	+	
Geringe Vorbereitung nötig	+	+	o	-	
Offenheit, Flexibilität, Anregung	-	-	+	+	
Situation kontrollier-/dokumentierbar	-	-	o	+	
Anschauungsmaterial nutzbar	-	+	-	+	
Aufwand für Kontaktaufnahme	o	+	o	-	
Vertrauensbasis kann entstehen	-	-	+	+	
Soziale Einflüsse (Sym-/Antipathie)	+	+	o	-	
Große Stichprobe nötig (> 50...200)	-	-	o	+	
Einsatz von Filtern/Verzweigungen	-	+	+	+	
„Ehrlichere" Antworten (> Anonymität vs. pers. Vertrauen)	+	+	-	-	
Akzeptanz bei den Teilnehmern	o	+	o	o	
Möglichkeit zum adaptiven Vorgehen (> Fragenvariation)	-	+	+	+	
Stellen von Sachfragen	+	+	+	+	
Stellen anderer Fragen (z. B. komplexe Sachverhalte)	-	-	+	+	
Rück-/Verständnisfragen möglich	-	-	+	+	

Legende: + Vorteil; o neutral bzw. mittelmäßig; - Nachteil
[*]) Für negative Punkte

[7] (Homburg, 2012, S. 263 f.; With kind permission of Springer Science+Business Media.) (Homburg & Krohmer, 2008, S. 29; With kind permission of Springer Science+Business Media.)

Grundlegender Forschungsansatz: Querschnitt-/Längsschnittuntersuchung

Die Unterscheidung von Forschungsansätzen erfolgt über die Anzahl der Messzeitpunkte. Eine Momentaufnahme, d. h. die Nutzung eines einzigen Messzeitpunktes, wird als Querschnittuntersuchung oder Ad-hoc-Untersuchung bezeichnet. Ihr Pendant ist die Längsschnittuntersuchung mit mehreren zeitlichen Messpunkten, die zur Abbildung der fortlaufenden Entwicklung in Langzeitstudien/Tracking-Forschung (engl. to track „verfolgen") genutzt wird (vgl. Panel). Weiterführend kann hierzu auf Berekoven et al. (2006, S. 126 f.) verwiesen werden.

Zusammenfassung

Im Folgenden erfolgt eine Querschnittuntersuchung, bei der allerdings zwischen den Stichprobengruppen (Absolventen und Arbeitgebern) zu unterscheiden ist.

Allgemein lässt sich aus der Betrachtung von Tabelle 10, S. 30, festhalten, dass die betrachtete Forschungsfrage durch ihre Neuartigkeit und den Mangel vorhandener Theorien – die durch diese Studie zunächst aufgestellt werden sollen – eher mittels qualitativer Verfahren ergründet werden kann. Es handelt sich demnach um eine explorative, bzw. in Teilen sogar eine rein deskriptive Forschung (vgl. Bortz & Döring, 2006, S. 50).

Geht man davon aus, dass Tabelle 12 die Teilnehmer der beiden Stichprobengruppen durchschnittlich beschreibt, und betrachtet man zusätzlich die Vor- und Nachteile (s. Tabelle 11, S. 31), lässt sich für das weitere Vorgehen wie folgt ableiten.

Tabelle 12: Einschätzung der Unternehmen und Absolventen anhand einiger Kriterien zur gezielten Auswahl geeigneter Erhebungsverfahren

Kriterium	Unternehmen	Absolventen
Kenntnis über Lehrveranstaltung	Keine	Eher hoch
Kompetenz im Bereich SWE	Sehr hoch	Eher gering
Erreichbarkeit	Persönlicher Kontakt	E-Mails

Da Arbeitgeber vor allem den persönlichen Kontakt schätzen, so eine gute Vertrauensbasis geschaffen werden kann und ihre Kompetenz weiterhin als hoch bewertet wird, bietet sich im Vergleich zu anderen Möglichkeiten die Nutzung von Experteninterviews an, die wahlweise persönlich oder telefonisch (s. Tabelle 11, S. 31) geführt werden können (s. Bortz & Döring, 2006, S. 315).

Um den Aufwand – angesichts der begrenzten Bearbeitungszeit – in einem angemessenen Rahmen zu halten, wird bei der Absolventenbefragung auf die Nutzung von Online-Fragebögen zurückgegriffen. Dies ist zum einen auf die Erreichbarkeit (s. Tabelle 12) zurückzuführen und weiterhin der als eher gering eingestuften Kompetenz im Bereich SWE geschuldet – im Vergleich zu langjährigen Führungskräften. Zudem kennen sie die Lehrveranstaltung – trotz der zeitlichen und personellen Änderungen – und können diese in einer rückblickenden Evaluation schriftlich bewerten.

Abbildung 13 zeigt der Übersichtlichkeit halber die geplante Struktur der ausgewählten Erhebungsverfahren zusätzlich in einem Organigramm. Dabei ist zu erkennen, dass die Interviews im Rahmen der Firmenbefragungen erst nach einem vorgeschalteten Fragebogen chronologisch folgen, was in Kap. 3.2.3.2 näher erläutert wird.

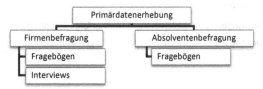

Abbildung 13: Überblick über die Auswahl der genutzten Erhebungsverfahren

Diese Methodenverknüpfung ermöglicht es, sowohl detaillierte Informationen und ein tieferes Verständnis für die Anforderungen des Arbeitsmarktes aus relativ offenen Experteninterviews zu erhalten, als auch eine repräsentative Befragung von Absolventen in Form einer Vollerhebung – in Bezug auf die getroffene Segmentierung – durchzuführen. Diese Kopplung mehrerer Methoden entspricht der Triangulation.

Daten-/Methodentriangulation

Triangulation bedeutet *»[a]dressing the topic analysis from multiple perspectives, including using multiple methods of data collection and analysis«* (Hair et al., 2008, S. 218), um so die Validität der Erhebungsergebnisse zu steigern (vgl. Denzin, 2009, S. 307 f.) und ein ganzheitlicheres Abbild der Realität zu erhalten.

Nach Denzin (2009, S. 301 ff.) können vier verschiedenen Arten der Triangulation unterschieden werden: Daten-, Investigator-, Theorien- und Methodentriangulation. Für diese Erhebung ist eine genauere Betrachtung der Daten- und Methodentriangulation interessant. Die „Data Triangulation" kann dabei dreidimensional ergründet werden: Zeit (z. B. verschiedene Zeitpunkte, Uhrzeiten etc.), Raum (d. h. verschiedene Orte), Personen (verschiedene Befragungsgruppen). Dadurch kann *»ein Höchstmaß an theoretischen Gewinn erziel[t]«* (Flick, 2011, S. 13) werden. Da in der vorliegenden Arbeit verschiedene Perspektiven (Arbeitgeber und Arbeitnehmer) eingenommen werden, kann von einer Datentriangulation gesprochen werden.

Zudem liegt eine Triangulation „within-methods" (hier: Offene Frage nach (a) Soft Skills und (b) Bewertung von ÜFKs; jeweils im gleichen Fragebogen) und „between-methods" (hier: Gleiche/ähnliche Frage in (a) dem Absolventenfragebogen und (b) den Experteninterviews) vor (vgl. Denzin, 2009, S. 307 f.), die in der Auswertung jeweils miteinander verglichen werden können. Die wohl häufigste Nutzung der Triangulation stellt die „between-methods"-

Kombination und hier wiederum die Verknüpfung qualitativer und quantitativer Erhebungsverfahren – wie auch hier genutzt – dar.

Die Auswertung dieser Datenkombinationen erweist sich allerdings als nicht trivial. Daher
erfolgt in Kap. 3.4.4.4 eine Überführung qualitativer Daten in quantitative Werte mittels
Transkription und Kodierung (vgl. Flick, 2011, S. 87 f.). Die Auswertung der Ergebnisse beruht
trotzdem auf der qualitativen Deskription, d. h. die Feststellung der Konvergenz, Divergenz
oder evtl. der Komplementarität der Daten.

Die in Abbildung 13 dargestellte Methoden- und Datentriangulation erfolgt sowohl parallel
(Arbeitnehmer und -geber) als auch sequenziell (Unternehmensfragebogen und Interviews).

3.2.3.1 Unternehmensbefragung

Die Befragung von Unternehmen lässt sich anhand folgender Charakteristika beschreiben:

- Erhebungsverfahren: Primärdatenerhebung; Befragung
- Forschungsansatz: Querschnittstudie
- Form der Datenerhebung: Teilerhebung
- Stichprobenumfang: 246 Unternehmen (Fragebogen)
- Stichprobenauswahl: Zufällige Stichprobe
- Befragungsmethode: Experteninterviews (Leitfadeninterviews, z. T. halbstandardi-
  siert)

Zur Umsetzung der getroffenen Auswahl werden in den folgenden Kapiteln der Leitfaden
entwickelt, getestet, Daten erhoben, ausgewertet und aggregiert. Zur Umgehung des Inter-
viewer-Bias sollen die Gespräche – wie in Tabelle 11 (s. S. 31) vorgeschlagen – mit Hilfe eines
Diktiergerätes aufgenommen werden. Dies ermöglicht eine detaillierte und umfassende Dokumentation des Gesagten. Dies bringt nicht nur enorme Zeitersparnis mit sich, sondern
ermöglicht zudem – im Vergleich zur manuellen Dokumentation – die ganzheitliche Wider-
spiegelung der Gespräche, eine detaillierte Transkription und damit auch Digitalisierung der
Informationen und die damit verbundene Kodierung.

Bei den Experteninterviews handelt es sich um Befragungen einzelner Personen oder kleiner
Gruppen (max. 4 Personen), da hier die Möglichkeit besteht, Fragen flexibel und individuell
anzupassen. Diese Eigendynamik kann noch stärker bei Gruppendiskussionen beobachtet
werden, in denen sich die unterschiedlichen Teilnehmer gegenseitig anregen. Allerdings
kann dies evtl. hinderlich für die Fokussierung auf ein Thema sein. Weiterhin ist die Termin-
findung in einer Gruppe zeitlich stark eingespannter Personen als kritisch einzustufen.

Durch die Interviews wird somit ein Meinungsbild eingefangen, das nicht als repräsentativ
gelten kann. Eine Art Repräsentativität könnte lediglich durch die Zusammensetzung der
Stichprobe erreicht werden. Hierbei stellt sich die Frage, welche der 246 Unternehmen

(s. Kap. 3.2.1) tatsächlich SWE betreiben, also Experten auf diesem Gebiet sind und weiterführend für ein Interview zur Verfügung stehen würden.

Um geeignete Interviewpartner zu finden, die den genannten Anforderungen entsprechen, sollen die ermittelten Unternehmen nochmals segmentiert werden. Die nachstehende Tabelle listet wichtige Kriterien für mögliche Methoden auf, von denen drei in die engere Wahl genommen werden.

Tabelle 13: Vergleich von unterschiedlichen Methoden zur Segmentierung und ersten Informationssammlung vor der Unternehmensbefragung durch Interviews

Kriterium	Internet-recherche	vorgeschalteter Fragebogen	Telefon-interview	Gewichtung
Niedriger Aufwand (Zeit/Kosten/Personal)	-	+	o	hoch
Hohe Informationsdichte	-	+	+	hoch
Keine Abschreckung	+	-	-	
Hohe Rücklaufquote/kein „Abwimmeln"	o	-	+	
Hohe Glaubwürdigkeit/Seriosität	o	+	-	hoch
Gute Vorbereitung auf Interview	-	+	+	hoch
Schnelle Antwortphase	o	-	+	
EVELIN bekannter machen	-	+	o	

Zieht man Bilanz aus den Punkten in Tabelle 13, ergibt sich nahezu ein Gleichstand zwischen dem Telefoninterview und dem Fragebogen. Zieht man weiterhin die Gewichtung in die Entscheidung mit ein, fällt die Wahl auf den vorgeschalteten Fragebogen, der im Weiteren genutzt wird (s. Abbildung 13, S. 33). Er bringt außerdem den Vorteil mit sich, bereits quantitative Informationen zur Forschungsfrage im Vorfeld der Interviews sammeln zu können.

3.2.3.2 Befragung von Hochschulabsolventen und -absolventinnen

Die Absolventenbefragung kann zusammenfassend wie folgt widergegeben werden:

- Erhebungsverfahren: Primärdatenerhebung; Befragung
- Forschungsansatz: Querschnittstudie
- Form der Datenerhebung: Vollerhebung
- Stichprobenumfang: 184 valide E-Mail-Adressen (von 213 Adressen und insgesamt 298 Absolventen)
- Befragungsmethode: Online-Fragebogen (teilstandardisiert)

Im Folgenden werden, parallel zur Unternehmensbefragung, der Fragebogen für Absolventen entwickelt sowie Tests und die Erhebung durchgeführt. Die quantitative Befragung von Alumni ist repräsentativ, da es sich um eine Vollerhebung handelt, deren Grundgesamtheit bekannt ist.

3.2.4   Fragebogen- und Leitfadenentwicklung

Aus den Leitfragen werden nun die einzelnen Fragen für Absolventen und Unternehmen abgeleitet und durch Daten der Befragten und der Firmen, in denen sie tätig sind, ergänzt (s. Anhang A.3). Zudem wird festgelegt, welche Fragen welcher Teilnehmergruppe gestellt werden sollen; bei der Auflistung in Anhang A.3 wird bei Fragen an Unternehmen nicht zwischen Fragebogen- und Interviewfragen unterschieden. Dort findet sich zudem eine tabellarische Übersicht zur Kombination der Fragen bei der Auswertung; die Analysen (Unternehmens-, Absolventenfragebögen sowie Interviews) sind online verfügbar auf springer.com.

Ferner müssen für die Fragebögen die Ausfüllmethodik mit Anweisungen und für geschlossene Fragen Skalen definiert und angegeben werden. Die Fragebögen werden durch einleitende Anschreiben komplettiert. Der Interviewleitfaden umfasst neben einer Vertiefung der bereits im Fragebogen enthaltenen Themen, ebenfalls demographische und ökonomische Daten der Befragten und deren Arbeitgeber, sowie weitere tiefergehende Fragen zur Ermittlung der geforderten Kompetenzen – v. a. im fachlichen Bereich.

Die Erstellung der Dokumente wird in den folgenden Unterkapiteln jeweils für die Erhebung mittels Fragebogen und via Interview erläutert sowie Unterschiede zwischen den schriftlichen Befragungen von Unternehmen und Alumni aufgezeigt.

3.2.4.1   Erstellung der Fragebögen

Zunächst soll hier auf die Punkte eingegangen werden, die sowohl beim Unternehmens-, als auch dem Absolventenfragebogen identisch sind bzw. in beiden Fällen gelten und Anwendung finden. Die Unterschiede bzw. Besonderheiten der beiden Befragungen werden im Anschluss thematisiert.

Anschreiben

Bei der Erstellung der Anschreiben werden folgende Punkte aus Gründen der Seriosität, Professionalität, Übersichtlichkeit, Steigerung der Rücklaufquote, dem Aufbau von Vertrauen und der Höflichkeit umgesetzt (vgl. Klimmer, 2012, S. 18 f.; Homburg & Krohmer, 2008, S. 38):

- Saubere Optik
- Ansprechpartner (Angaben: Telefonnummer, E-Mailadresse)
- Sinn und Zweck der Befragung (Vorstellung des Projektes und des Auftraggebers)
- Ungefähre Bearbeitungsdauer
- Rücksendetermin/Einsendeschluss
- Zusicherung zur vertraulichen Behandlung der Daten bzw. Anonymität
- Frage nach Interesse an den Forschungsergebnissen
- Dank für die Teilnahme

Fragebogen

Die Fragebögen werden anhand der nachstehenden Anforderungen erstellt (vgl. Klimmer, 2012, S. 18 f.; Bortz & Döring, 2006, S. 253 ff.; Konrad, 2001, S. 78 ff.). Dabei handelt es sich jeweils um Online-Fragebögen.

- Saubere Optik
- Gliederung in thematische Blöcke
- Eindeutige, verständliche Fragen
- Klare Angaben zur Ausfüllmethodik
- Ausreichende Anzahl offener Fragen
- Sensible Fragen am Schluss
- Inhaltlich begrenzt auf wichtige und zielführende Fragen; begrenzte Anzahl an Fragen
- Fragestil auf einige Methoden beschränkt
- Angabe des prozentualen Fortschritts bei Online-Fragebögen als Pendant zu Seitenzahlen o. Ä.

Bei geschlossenen Fragen mit Ankreuzmöglichkeiten gelten zusätzlich diese Kriterien:

- Klare und trennscharfe Antworten
- Gerade Anzahl an Antwortoptionen (hier: 4 Optionen), um Entscheidung zu „erzwingen"
- Responsalternative „kann ich nicht beurteilen", um eine Verfälschung der Ergebnisse durch wahlloses Ankreuzen zu verhindern
- Antwortmöglichkeiten werden umfassend angegeben oder s. nächster Punkt
- Geschlossene Fragen mit offener Antwortmöglichkeit, sog. Hybridfragen
- Anzahl der Antwortmöglichkeiten (Einfach-/Mehrfachnennungen) differenziert nutzen

Die aufgeführten Bedingungen sollen die Verständlichkeit und Eindeutigkeit, die Übersichtlichkeit, die Fokussierung auf die Forschungsfrage, die Bereitschaft zur Beantwortung und die Qualität der Antworten sowie die Dauer der Befragungen positiv beeinflussen.

Um die Rücklaufquote zu erhöhen, besteht für die Befragten am Ende der Auskunftserteilung die Möglichkeit, Interesse an den Forschungsergebnissen zu bekunden; darauf wird im vorgelagerten Anschreiben hingewiesen.

Skalierung

Abbildung 14 zeigt eine Einteilung von Skalierungsverfahren in komparative und nicht-komparative Methoden. Diese werden im Folgenden näher betrachtet und ihr Einsatz in der Erhebung erläutert.

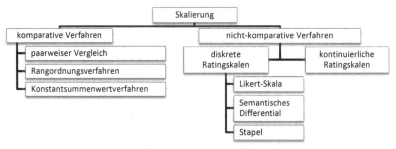

Abbildung 14: Organigramm zur Klassifikation von Skalierungsmethoden (in Anlehnung an Malhotra, 2004, S. 242; Homburg, 2012, S. 305)[8]

Nicht-komparative Skalierungsverfahren

Neben offenen Fragen, die in Freitextfeldern beantwortet werden sollen, enthält der Frage-bogen auch Multiple-Choice-Fragen. Diese Möglichkeit der Beantwortung bedarf einer Fest-legung von Skalenniveaus, die in Tabelle 14 näher erläutert werden.

Tabelle 14: Übersicht nicht-komparativer Verfahren zur Skalierung (in Anlehnung an Klimmer, 2012; Homburg, 2012, S. 299 ff.)[9]

| | Skalenniveau | Messwerteigenschaften | | Möglichkeiten der statisti-schen Auswertung |
		mathematisch	nicht-mathematisch	
Parametrische/ Kategorial-Skalen	Nominalskala	$A = A \neq B$	Klassifizierung	Häufigkeit, Modus, Spann-weite
	Ordinalskala	$A > B > C$	+ Rangordnung	+ Median, Rangkorrelati-onskoeffizient
Metrische/ Kardinal-Skalen	Intervallskala	$A > B > C \wedge A - B = B - C$	+ Äquidistanz	+ arithm. Mittel, Stan-dardabweichung
	Ratioskala	$A = x \cdot B$	+ gleiche Ver-hältnisse, natür-licher Nullpunkt	+ geom. Mittel

---

[8] Das Semantische Differential wird bei der Überlagerung von Wichtigkeiten und Ausprägungsstufen über meh-rere Kompetenzen in der Auswertung genutzt.
(Homburg, 2012, S. 305; With kind permission of Springer Science+Business Media.) (Malhotra, 2004, S. 242; With kind permission of Pearson.)

[9] (Homburg, 2012, S. 299 ff.; With kind permission of Springer Science+Business Media.)

Da in den schriftlichen Befragungen drei der vorgestellten Skalenniveaus zum Einsatz kommen, sollen diese hier jeweils beispielhaft dargestellt werden:

Nominalskala:

| Welche Sprachen werden in Ihrem Unternehmen zur Programmierung genutzt? Bitte kreuzen Sie die entsprechenden Punkte an. Mehrfachnennungen sind möglich. | ☐ C ☐ C# ☐ Visual Basic ☐ sonstige, nämlich ⬚ | ☐ C++ ☐ Java ☐ Assembler |

Ordinalskala:

| Wie viele Mitarbeiter hat das Unternehmen ungefähr insgesamt? Bitte kreuzen Sie den entsprechenden Punkt an. | ☐ <= 10 ☐ <= 500 ☐ > 5000 | ☐ <= 20 ☐ <= 1000 | ☐ <= 50 ☐ <= 2000 | ☐ <= 100 ☐ <= 5000 |

Intervallskala in Form einer vierstufigen Likert-Skala:

Bitte bewerten Sie die Wichtigkeit der nachfolgenden Fachkompetenzen aus dem Software Engineering (vgl. SWEBOK®).
Bitte kreuzen Sie den entsprechenden Punkt an.

	sehr wichtig			gar nicht wichtig	kann ich nicht beurteilen
Software requirements/Anforderungsanalyse	☐	☐	☐	☐	☐
Software design/Softwareentwurf	☐	☐	☐	☐	☐
...	☐	☐	☐	☐	☐

Bei der Likert-Skala handelt es sich um eine Rating-Skala, die die Einstellung der Probanden zu einem bestimmten Sachverhalt (Item) abfragt. Dabei wird davon ausgegangen, dass die Bewertung in einem Messbereich erfolgt, der äquidistant eingeteilt ist und entspricht dieser Definition zufolge einer Intervallskala. Weiterhin kann die Einteilung der Antwortmöglichkeiten textuell, numerisch oder symbolisch dargestellt werden (vgl. Berekoven et al., 2006, S. 76), wobei entweder die genauen Abstufungen einzeln oder – wie hier – nur die Extrema betitelt werden. Zudem sind bipolare und uni-/monopolare Skalen zu unterscheiden. In diesem Fragebogen beschränkt sich der Maßstab auf den positiven Wertebereich.

Bei der Bewertung der Wichtigkeit von Kompetenzen erfolgt die Abfrage in den Fragebögen im Rahmen von sog. Item-Batterien; d. h. ein Block von Items, deren Ausfüllmethodik gleich ist, wird en bloc zusammengefasst.

Komparative Skalierungsverfahren

Von den in Abbildung 14 (s. S. 38) eingruppierten vergleichenden Verfahren werden folgende zwei in den Fragebogen verwendet, die hier mit einem Beispiel aufgeführt sind:

Rangordnungsverfahren:

> Welche Kriterien beeinflussen die Auswahl eines/r BewerberIn im Bereich Softwaretechnik Ihrer Meinung nach am meisten?
> Bitte nennen Sie die 5 wichtigsten in der Reihenfolge Ihrer Relevanz.

Konstantsummenwertverfahren:

Wie würden Sie das optimale prozentuale Verhältnis aus fachlichen und überfachlichen Kompetenzen eines Software Engineers beschreiben? Bitte tragen Sie die beiden Werte ein.	☐ % fachliche Kompetenzen
	☐ % überfachliche Kompetenzen

Besonderheiten des Unternehmensfragebogens

Die Befragung der Unternehmen mittels Fragebögen erfolgt postalisch, um die Seriosität und das Vertrauen zu steigern. Zudem können auf diesem Weg weitere Informationsmaterialien beigelegt werden. Der Brief enthält folgende Dokumente: Das Anschreiben mit dem Link zum Online-Fragebogen, eine Infoseite zu EVELIN, den EVELIN-Flyer und eine Visitenkarte der Ansprechpartnerin (s. Anhang A.4). Weiterhin beinhaltet Anhang A.4 eine Aufstellung der befragten Unternehmen.

Das Anschreiben weist folgende weitere Merkmale in Ergänzung zur gegebenen Anforderungsliste (s. S. 36) auf (vgl. Klimmer, 2012, S. 18 f.; Homburg & Krohmer, 2008, S. 38):

- Persönliche Anrede
- Foto des Ansprechpartners
- Zusicherung zur vertraulichen Behandlung der Daten (Anonymität nicht gegeben)
- Unterschrift der Ansprechpartnerin/des Auftraggebers

Besonderheiten des Absolventenfragebogens

Die Befragung erfolgt via E-Mail, da diese Kontaktmöglichkeit im Hinblick auf einen Wohnortwechsel im Anschluss an das Studium als beständiger angenommen wird (vgl. Kap. 3.2.1, „Segmentierung von Absolventen"). Der Rund-E-Mail werden eine Infoseite zu EVELIN und der EVELIN-Flyer in digitaler Form angehängt. Die Auswertung der Daten ist bei Springer online verfügbar.

Die Kriterien für dieses Anschreiben unterscheiden sich im Vergleich zur Unternehmensbefragung (s. S. 36) lediglich in folgenden Punkten (vgl. Klimmer, 2012, S. 18 f.; Homburg & Krohmer, 2008, S. 38):

- Keine persönliche Anrede
- Angaben zum Ansprechpartner ohne Foto
- Zusicherung der Anonymität und des vertraulichen Umgangs mit den Daten
- E-Mail-Signatur anstelle der Unterschrift

3.2.4.2 Interviews mit Unternehmen

Die Befragten im Rahmen der Interviews ergeben sich aus den Auskunftseinheiten der Unternehmensfragebögen bzw. ihrer Kollegen, die sich bereiterklärt haben weitere Informationen in Bezug zur Forschungsfrage aus ihrer Sicht zur Verfügung zu stellen.

In den Interviews werden, neben Nachfragen und Interpretationen zu den gegebenen Antworten aus den Fragebögen und deren Analyse, tiefergehende Fragen zur Bewerbungs- und Einstellungsphase gestellt. Ein Großteil der Interviews umfasst die Einschätzung fachlicher Kompetenzen, wie sie bei einem Absolventen vorausgesetzt werden.

Der Interviewleitfaden sowie eine Tabelle der fachlichen Kompetenzen – wiederum abgeleitet aus dem SWEBOK[*] –, die mit den Interviewpartnern durchgegangen werden sollen, sind in Anhang A.4 beigefügt. Zudem ist die Auswertung der Interviews online verfügbar (auf springer.com).

Zu Beginn soll den Interviewpartnern die kurze dreigliedrige Agenda vorgestellt werden, die mit Anschauungsmaterial ausgestattet wird. Dazu gehören: Der ausgefüllte Fragebogen, eine Übersicht der Veranstaltung vom SS 2013 (s. Abbildung 8, S. 20) und das Klassifikationsschema der EVELIN-Taxonomie (s. Tabelle 5, S. 17).

3.2.4.3 Pretest

Die entwickelten Fragebögen sowie der Leitfaden werden im Vorfeld der Erhebung stichprobenartig anhand einiger, aus Objektivitätsgründen außenstehender Personen getestet (Pretest) und ggf. entsprechend angepasst (vgl. Homburg & Krohmer, 2008, S. 46 f.).

Die Testpersonen werden darauf hingewiesen, vor allem auf die Wortwahl und Verständlichkeit der Fragen und Angaben zur Ausfüllmethodik (z. B. auch der Vollständigkeit möglicher Antworten bei Antwort-Wahl-Verfahren) zu achten. Dies ist in erster Linie für die beiden Fragebögen entscheidend, da bei dieser Befragungsmethode keine Rückfragen an den Verfasser gestellt werden können. Zudem soll mit Hilfe der vorherigen Erprobung – sowohl bzgl. der Fragebögen, als auch der Interviews – getestet werden, ob die gestellten Fragen und damit letztendlich auch die Leitfragen umfassend beantwortet werden. Die Struktur der

Themenblöcke, deren Abfolge und die Optik werden ebenfalls kritisch betrachtet. Weiterhin werden die Befragten gebeten die benötigte Zeit zur Beantwortung der Fragestellungen zu dokumentieren, um eine realistische Bearbeitungsdauer ermitteln und im Anschreiben angeben zu können.

3.2.5 Bayerisches Datenschutzgesetz (BayDSG)

Der Umgang mit personenbezogenen Daten ist im Bayerischen Datenschutzgesetz (BayDSG) in Ergänzung zum Bundesdatenschutzgesetz (BDSG) regelt.

> Personenbezogene Daten sind in § 3 Abs. 1 BDSG (BGBl. I S. 162) definiert als *»Einzelangaben über persönliche oder sachliche Verhältnisse einer bestimmten oder bestimmbaren natürlichen Person (Betroffener)«*.

Daher sind für die Befragung von Absolventen einige klärungsbedürftige Punkte im Rahmen des Datenschutzes zu betrachten:

- Zulässigkeit der Datenerhebung, -verarbeitung und -speicherung
- Verarbeitung und Nutzung
- Einwilligung
- Anonymität

Zunächst ist *»[d]as Speichern, Verändern oder Nutzen personenbezogener Daten [...] zulässig, wenn es zur Erfüllung der in der Zuständigkeit der speichernden Stelle liegenden Aufgaben erforderlich ist«* (Art. 17 I Nr. 1 BayDSG), was an dieser Stelle gegeben ist, da die HAB diese Befragung im Rahmen der Forschung und Qualitätssicherung durchführt und sie dafür zuständig ist.

Zur Kontaktaufnahme mit Absolventen der Hochschule werden personenbezogene Daten (E-Mail-Adressen), die bereits an der Hochschule vorhanden sind, genutzt. *»Das Speichern, Verändern oder Nutzen personenbezogener Daten ist zulässig, wenn es für die Zwecke erfolgt, für die die Daten erhoben worden sind; ist keine Erhebung vorausgegangen, dürfen die Daten nur für die Zwecke geändert oder genutzt werden, für die sie gespeichert worden sind«* (Art. 17 I Nr. 2 BayDSG). Die Kontaktdaten wurden am Studienbeginn originär zur Immatrikulation aufgenommen. Allerdings dürfen diese Angaben abweichend von Art. 17 I Nr. 2 BayDSG genutzt werden, wenn – wie hier zutreffend – *»es zur Durchführung wissenschaftlicher Forschung erforderlich ist, das wissenschaftliche Interesse an der Durchführung des Forschungsvorhabens das Interesse des Betroffenen an dem Ausschluß der Zweckänderung erheblich überwiegt und der Zweck der Forschung auf andere Weise nicht oder nur mit unverhältnismäßigem Aufwand erreicht werden kann«* (Art. 17 II Nr. 11 BayDSG) oder – wovon hier ebenfalls ausgegangen werden kann - *»offensichtlich ist, daß es im Interesse des Be-*

troffenen liegt, und kein Grund zu der Annahme besteht, daß er in Kenntnis des anderen Zwecks seine Einwilligung hierzu verweigern würde« (Art. 17 II Nr. 3 BayDSG).

»Die Erhebung, Verarbeitung und Nutzung personenbezogener Daten sind nur zulässig, wenn der Betroffene eingewilligt hat« (Art. 15 I Nr. 2 BayDSG). *»Die Einwilligung bedarf der Schriftform«* (Art. 15 III, S. 1 BayDSG); allerdings kann im Bereich der wissenschaftlichen Forschung darauf verzichtet werden (Art. 15 III S. 2 BayDSG), wenn (vgl. Art. 15 III S. 3 BayDSG) *»Betroffene auf den Zweck der Erhebung, Verarbeitung oder Nutzung, auf die Empfänger vorgesehener Übermittlungen sowie unter Darlegung der Rechtsfolgen darauf hinzuweisen, dass sie die Einwilligung verweigern können«* (Art. 15 II BayDSG). Die Absolventenbefragung findet auf freiwilliger Basis statt und die Teilnehmer werden auf die Freiwilligkeit und den Zweck der Erhebung, sowohl im E-Mail-Anschreiben als auch im Online-Fragebogen, hingewiesen.

Die Anonymität wird durch die genutzte Software Questor Pro der Firma Blubbsoft GmbH am Rechenzentrum der HS-Coburg sichergestellt. Bei der Nutzung eines einheitlichen Passworts für den Zugang zur Befragung erfolgt keine Speicherung von personenbezogenen Daten in Verbindung mit IP-Adresse o. ä. Die Speicherung der ausgefüllten Online-Fragebögen findet auf dem Server der HS Coburg statt, bevor sie an die HAB weitergeleitet werden. Weiterhin können Angaben über z. B. das Alter, den Dozenten etc. aufgrund der großen Stichprobe (184 valide E-Mail-Adressen) als nicht rückverfolgbar und damit anonym gelten.

3.3 Erhebungsphase: Durchführung der Befragung

Der nachfolgende Zeitplan zeigt die Struktur der Datenerhebung. Dabei ist festzuhalten, dass der chronologische Versatz zwischen der Befragung von Unternehmen im Gesamten und der Absolventenbefragung nicht als sequentiell zu sehen ist, sondern als parallele Erhebungen. Die Verschiebung ergibt sich vor allem aufgrund der Verfahrensvorbereitung und anschließenden Genehmigung durch den Datenschutzbeauftragten der HAB (s. Kap. 3.2.5). Zudem ist der Termindruck bei der Beantwortung des Fragebogens an Unternehmen durch die nachgelagerten Interviews höher.

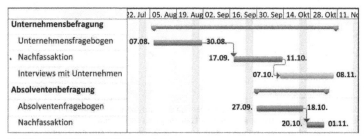

Abbildung 15: Zeitplan der Erhebungsphase

Die Startzeitpunkte der Befragungen mittels Fragebogen markieren jeweils das Datum des Versendens; das Ende des Vorgangs kennzeichnet den Einsendeschluss.

Im Anschluss an den Unternehmensfragebogen wird dieser hinsichtlich freiwilliger Interviewpartner analysiert und individuelle Termine per E-Mail oder telefonisch festgelegt. Die auskunftgebenden Personen werden dabei wiederum auf die zeitliche Länge von 60-90 Minuten hingewiesen. Um im Nachhinein eine optimale Auswertung gewährleisten zu können und Fehlinterpretationen des Gesagten durch den Interviewer möglichst zu eliminieren, werden die Auskunftseinheiten nach ihrer Zustimmung gefragt, das Interview mittels Diktiergerät aufzeichnen zu dürfen. Gleichwohl werden während der Termine Stichpunkte mitnotiert, was demgegenüber zudem Aufmerksamkeit signalisiert. Ferner wird darauf geachtet, sowohl verbale als auch nonverbale Rückmeldungen (z. B. Mimik, Nicken) zu geben, keine Suggestivfragen zu stellen und zwischen den Fragen und Antworten ggf. auch längere Sprechpausen zu lassen, um den Gedankenfluss nicht zu stoppen und so evtl. noch weitere Informationen zu bekommen.

Zu den persönlichen Gesprächen wird Anschauungsmaterial vorbereitet und mitgebracht: Der individuell ausgefüllte Fragebogen, eine Darstellung des Veranstaltungsformats vom SS 2013 und das EVELIN-Klassifikationsschema[10]. Im Rahmen der telefonischen Interviews werden diese Informationen ein bis zwei Tage vorab per E-Mail zugesendet, was zudem eine kurze Erinnerung an den Termin verkörpert. Das genutzte Material aus Sicht des Interviewers besteht zudem aus dem Leitfaden, einem verkürzten Kompetenzraster fachlicher Themenfelder und dem „Durchschnittsfragebogen", der zuvor ausgewertet wird.

Um zu Beginn eine gelockerte Atmosphäre schaffen zu können, werden zunächst vertiefte Verständnisfragen zum bekannten Online-Fragebogen gestellt – v. a. Informationen, die stark vom „Durchschnittsfragebogen" abweichen.

Am Ende der Gespräche wird den Interviewpartnern ein weiteres Mal für ihre Bereitschaft zur Teilnahme – sowohl im Fragebogen als auch im Interview – gedankt und im Falle der persönlichen Anwesenheit eine kleine Aufmerksamkeit überreicht.

---

[10] Die ersten beiden Interviewtermine haben gezeigt, dass es den Gesprächspartnern schwer fällt die Tiefe der Prägung ausreichend gründlich zu artikulieren, um eine Kodierung und Übersetzung in das Klassifikationsschema ohne Informationsverlust oder Fehlinterpretation zu ermöglichen. Daher wird entschieden den folgenden Befragten die Taxonomie vorzustellen, um ihnen einen Eindruck über die Ausprägungsstufen und den Detaillierungsgrad zu geben.

3.4 Analysephase: Auswertung und Interpretation der Ergebnisse

Die Teilbereiche dieses Abschnittes beinhalten alle drei Schritte der Gesamtauswertung (s. Abbildung 16), die im Folgenden vorgenommen werden. Die detaillierten Unterpunkte dieser Teilphasen sind ebenfalls in der untenstehenden Abbildung dargestellt.

Abbildung 16: Vorgehen zur Auswertung der Erhebungsergebnisse

In der ersten Teilphase werden die gewonnenen Daten verdichtet (s. Kap. 3.4.1). Die folgende Analyse der Daten erfolgt anhand der aufgestellten Leitfragen (vgl. Kap. 3.2.2).

Zunächst sollen die Auskunftsgebenden mit Hilfe der Personen- und Unternehmensdaten (vgl. Anhang A.3) näher beschrieben werden (s. Kap. 3.4.2). Anschließend erfolgt die Auswertung bzgl. des Bewerbungsverfahrens (vgl. Leitfrage 3) in Kap. 3.4.3. Weiterhin sollen die ÜFKs und FKs (s. Kap. 3.4.4) näher betrachtet werden (vgl. Leitfragen 1, 2) und darauffolgend die Erfahrungen der Unternehmen bzgl. der Defizite von Absolventen (vgl. Leitfrage 4) sowie die Sicht der Absolventen auf die Lehrveranstaltung (vgl. Leitfrage 5) zusammengetragen und analysiert werden (s. Abschnitt 3.4.5).

Zur Anonymisierung der Unternehmen werden Firmen-Identifikationsnummern, kurz Firmen-IDs (U1, U2, ...), eingeführt, um im Nachhinein weiterhin nachvollziehen zu können, welcher Fragebogen und welches Interview vom gleichen Unternehmen gegeben wurde. Den Absolventenfragebögen werden ebenfalls Identifikationsnummern zugewiesen (A1, A2, ...). Diese Maßnahme ermöglicht es zudem die einzelnen Auskünfte einfach und eindeutig zitieren zu können. Zu diesem Zweck werden weiterhin die Abkürzungen FB – Fragebogen und Int – Interview eingeführt[11].

Trotz der Nutzung des Rangordnungsverfahrens und der eindeutigen Aufforderung „Bitte nennen Sie die 5 wichtigsten in der Reihenfolge Ihrer Relevanz." und dem Zusatz „Wichtigste, Zweitwichtigste, ...", kann in den Angaben der Auskunftseinheiten eine Priorisierung häufig nicht klar identifiziert werden. Daher findet keine Auswertung bzgl. des Rangordnungsverfahrens statt, sondern lediglich eine Häufigkeitsverteilung und Clusterbildung.

Als Analyseverfahren werden sowohl statistische Größen (z. B. Mittelwert, Standardabweichung, Spannweite), ein Vertrauenswert, die Bildung von Clustern und die Bestimmung der

---

[11] Bsp.: „U2, FB, fr_12164" steht für „Unternehmen 2, Befragung mittels Fragebogen, Nummer der Frage"; „U, FB, fr_12164" steht für „Unternehmensbefragung (allg.), Nummer der Frage"

absoluten und/oder relativen Häufigkeit genutzt. Die Interviews werden durch eine Kodierung der Transkripte (genaue Erläuterung, s. Abschnitt 3.4.4.4) bzw. wiederum durch Clusterung und Quantitäten untersucht. Genutzt werden dazu Excel und eine Transkriptions- und Auswertungssoftware für qualitative Erhebungen.

3.4.1 Verdichtung der Erhebungsdaten

Die Auswertung der erhobenen Daten erfolgt nur teilweise mathematisch (z. B.: Häufigkeiten, Mittelwerte, Standardabweichungen), da die Exploration im Vordergrund steht und keine Hypothesenprüfung erfolgt. Die Betrachtung der Ergebnisse fällt daher eher deskriptiv zum tieferen Verständnis für die Untersuchungsthematik aus (vgl. Triangulation, Kap. 3.2.3).

Die folgenden Berechnungen[12] dienen der Analyse und Beschreibung der Erhebungsergebnisse: Das **arithmetische Mittel** $\bar{x}$ – auch Mittelwert, Mittel, Durchschnitt genannt – einer Menge n von Werten $x_1, x_2, x_3 \ldots x_n$ ergibt sich nach folgender Formel:

$$\bar{x} = \frac{1}{n} \cdot \sum_{i=1}^{n} x_i \qquad \text{Gleichung 1}$$

Um weiterhin die Streuung um den errechneten Mittelwert ermitteln zu können, wird die **Standardabweichung** als Wurzel der **Varianz** mit Hilfe der folgenden beiden Formeln berechnet, um dadurch wiederum die Ähnlichkeit der Ergebnisse darstellen zu können; ein Indiz für die Reliabilität (Zuverlässigkeit).

$$\sigma = \sqrt{\sigma^2} = \sqrt{var} \qquad \text{Gleichung 2}$$

$$\sigma^2 = \frac{1}{n} \cdot \sum_{i=1}^{n} (x_i - \bar{x})^2 \qquad \text{Gleichung 3}$$

Die **relative Häufigkeit** $h_n(A)$ eines Ereignisses A kann auf folgende Weise berechnet werden:

$$rel. H\ddot{a}ufigkeit = h_n(A) = \frac{abs. H\ddot{a}ufigkeit}{Umfang} = \frac{H_n(A)}{n} \qquad \text{Gleichung 4}$$

Hierbei kann der Umfang variieren, da die relative Häufigkeit $h_n(A)$ sowohl auf Basis der Grundgesamtheit wie auch der Stichprobe oder der tatsächlich gegebenen Antworten berechnet werden kann.

Als **Spannweite R** wird die größte Differenz zwischen Messwerten bezeichnet und gibt damit auch ein Streuungsmaß an. Im Folgenden soll damit die Streuung zwischen Kompetenzen innerhalb einer Erhebung dargestellt werden.

---

[12] x = Wert; $\bar{x}$ = arithmetisches Mittel der Werte $x_1, x_2, x_3 \ldots x_n$; n = Anzahl der Antworten; x_{min}, x_{max} = Minimum und Maximum der Werte $x_1, x_2, x_3 \ldots x_n$; i = Zähler; σ = Standardabweichung; var = Varianz; p = Vertrauenswert

$$R(x) = x_{max} - x_{min}$$ Gleichung 5

Das Vertrauen in die ermittelten Werte wird mit Hilfe eines **Vertrauenswertes (prozentualer Anteil) p** errechnet. Das Konfidenzintervall wird im Bereich $p \geq 80\ \%$ festgelegt, womit die Validität (Gültigkeit) der Daten angegeben werden kann. Als Nenner dient die Anzahl aller gegebenen Antworten; d. h. die bis zu dieser Frage ausgefüllten Fragebögen. Die Menge der auswertbaren Antworten umfasst alle gegebenen Antworten abzüglich der Möglichkeit „kann ich nicht beurteilen" o. Ä.

$$p = \frac{Anzahl\ der\ auswertbaren\ Antworten}{Anzahl\ der\ Teilnehmer}$$ Gleichung 6

3.4.2 Deskription der Befragungsteilnehmer

An dieser Stelle sollen zunächst die Teilnehmer der Befragung mit Hilfe von unternehmens-bezogenen und sozio-ökonomischen Daten näher beschrieben werden, um einen Eindruck über die Erhebungs- und Untersuchungseinheiten zu erhalten.

Beschreibung der Absolventen

Von 184 befragten Personen antworteten 25 Befragte, was einer Rücklaufquote von 13,51 % entspricht. Dieser Anteil scheint relativ gering, ist aber für diese Art von Umfrage nicht un-gewöhnlich. Es ist wahrscheinlich, dass, aufgrund des Kontextes des Forschungssubjekts, nur Absolventen mit einer Anstellung in der Software-Industrie den Fragebogen beantwortet haben.

Über 90% der Personen sind männlich und im Durchschnitt 28 Jahre alt (max: 33; min: 25). Die Befragten arbeiten in der Regel seit 3 Jahren, davon durchschnittlich 2 Jahre in der Soft-ware-Branche. Sie arbeiten in Unternehmen mit einer Mitarbeiterzahl von im Mittel ≤ 1000 Beschäftigten ($s \leq 50$), von denen im Schnitt weniger als ≤ 50 ($s \leq 20$) direkt im Bereich Soft-ware eingesetzt werden. Die Absolventinnen und Absolventen sind meist entweder in der Automobilindustrie oder im Maschinen- und Anlagenbau beschäftigt und haben im Rahmen des Bachelorstudiengangs ungefähr gleich häufig die Schwerpunkte Antriebstechnik & Robo-tik, Informations- & Automatisierungstechnik, Konstruktion & Entwicklung bzw. Produktions-technik besucht. 80 % der angegebenen Arbeitsplätze befinden sich in einem 40 km-Radius um die HAB. Der Umsatz der Unternehmen liegt im Mittel zwischen 10 und 50 Millionen Eu-ro. Die häufigsten Aufgabenfelder der Absolventen sind: F&E, Projektarbeit /-management, Messungen und Tests, Programmierung und Interaktion mit dem Kunden.

In 84 % aller Fälle wird im unmittelbaren Umfeld der Berufseinsteiger Informatik zur Pro-grammierung oder zur Software-Entwicklung betrieben – ebenfalls in 84 % wird generell Software im Unternehmen entwickelt und bei 88 % gibt es im Unternehmen eine eigene Software-Entwicklungs-Abteilung; am häufigsten als Bestandteil eines Produkts, nicht als

Stand-alone-Software. Die gängigsten Programmiersprachen sind daher C und C++; aufgrund dieser Tatsache werden vermehrt die Programmierparadigmen objektorientierte, modulare und strukturierte Programmierung genannt (A, FB, fr_12310). Typische Tools, die sie im Arbeitsalltag einsetzen müssen: MS Office, Matlab/Simulink, Visual Studio und SubVersion (A, FB, fr_12311). (vgl. Gold et al., 2014, S. 103)

Zum Arbeitsverhältnis der Alumni lässt sich festhalten, dass 84 % Angestellte sind; hauptsächlich Entwicklungs- und Versuchsingenieure. Drei Befragte konnten den Masterabschluss bereits erlangen und weitere sieben wollen ein Aufbaustudium in Zukunft beginnen; vier streben eine Promotion an. Interesse an den Forschungsergebnissen haben zehn Personen bekundet.

Beschreibung der Unternehmen

Von 246 kontaktierten Unternehmen haben sich neun nur eingeloggt, sieben haben die Bearbeitung im Verlauf abgebrochen (nach ca. fünf Fragen). 20-mal wurde der Fragebogen vollständig ausgefüllt, was einer Responsequote von 8,13 % entspricht (s. nachfolgende Tabelle).

Tabelle 15: Übersicht der Quoten nach Bearbeitungsstatus im Unternehmensfragebogen

Quote: alle Logins	14,63 %
Quote: alle Antworten	10,98 %
Quote: vollständig ausgefüllt	8,13 %

Fast gleich häufig wird die entwickelte Software in den Unternehmen als eigenständiges Produkt (18 Nennungen) bzw. als Bestandteil eines Produkts (17 Nennungen) eingesetzt. Diese Programme werden fast zu gleichen Teilen in Java, C++ und C mittels objektorientierter, modularer und prozeduraler Programmierung implementiert. Die Frage nach relevanten Tools im Arbeitsalltag (U, FB, fr_12167) kann in die folgenden Cluster eingeteilt werden:

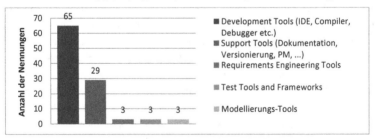

Abbildung 17: Balkendiagramm der wichtigsten SWE-Tools aus Arbeitgebersicht in fünf Bereiche geclustert

Fast 70 % der Unternehmen (die den Fragebogen vollständig ausgefüllt haben) haben eine eigene Software-Entwicklungs-Abteilung mit im Mittel rund 170 Software-Entwicklern und einer Unternehmensgröße von durchschnittlich 1.482 Mitarbeitern (min: 2; max: 13.000). Der Modalwert des Umsatzes beträgt 10-50 Mio. Euro im Vorjahr (U, FB, fr_12245). Ihr

Standort befindet sich ebenfalls in einem Umkreis von 40 km (Radius) um die HAB. Die Unternehmen sind weiterhin am häufigsten in der EDV, Internet und Kommunikationsbranche (25 %) tätig, wobei vielfach die Option „Sonstige" (30 %) gewählt wurde und hier sehr unterschiedliche Angaben gemacht wurden („U, FB, fr_12244": Z. B. Computer-Systemhaus, Luft- und Raumfahrt). Diese Angaben gelten allerdings nur für die abgeschlossenen Fragebögen.

Zudem haben sich 16 Personen aus den Fachabteilungen bereit erklärt, ein Interview zu führen; davon wählten 12 das persönliche Gespräch, neun das Telefoninterview und fünf beide Optionen. Von allen Befragten, die den Fragebogen beendet haben, sind 16 Unternehmen an den Forschungsergebnissen interessiert; das entspricht 80 %.

Beschreibung der Interviewpartner

Von 16 kontaktierten Unternehmen konnte mit 13 Personen ein Interview geführt werden, was einer Quote von 81,3 % entspricht. Bei Zustimmung der Interviewpartner werden die Gespräche mittels Diktiergerät aufgezeichnet; einige Ansprechpartner haben sich kurzfristig dazu entschlossen dem zuzustimmen, obwohl sie sich im Fragebogen hierzu nicht positiv geäußert haben. Somit wird lediglich im Falle von U1 und U9 ein Protokoll angefertigt.

Tabelle 16: Beschreibung der Interviewpartner (U, Int, fr_12, 13, 14)

Firmen-ID	Position		Berufser-fahrung in Jahren	Art des Interviews	Branche	Mitar-beiter
	Fragebogen	Interview				
U1	IT-Beraterin + HR		18 (18)	Telefonisch	Unternehmensberatung	40
U2	Senior Partner		30 (21)	Persönlich	EDV, Internet und Kommuni-kation	3
U3	Abteilungslei-ter Software-entwicklung	+ 3 Gruppenlei-ter	35 (25, 28, 30)	Telefonisch	Maschinen- und Anlagenbau	850
U4	Software-Entwickler		15 (15)	Persönlich	Alle	50
U5	Softwarebera-ter	+ Bereichsleiter Entwicklung	1, 27 (1, 10)	Persönlich	EDV, Internet und Kommuni-kation	350
U6	Divisionsleiter		28 (28)	Persönlich	EDV, Internet und Kommuni-kation	1.600
U7	Software Entwickler + Trainer		3,5 (3,5)	Telefonisch	EDV, Internet und Kommuni-kation	90
U8	Inhaber		42 (31)	Telefonisch	Computer-Systemhaus	2
U9	Abteilungsleiter		27 (27)	Persönlich	Technisches Consulting und Software-Systeme	140
U10	Bereichsleiter Engineering		33 (23)	Telefonisch	Softwareentwicklungspartner der Industrie	650
U11	Niederlassungsleiter		12 (12)	Telefonisch	Dienstleistung	170
U12	Leiter Softwareentwicklung		18 (18)	Telefonisch	Fahrzeugindustrie	10.000
U13	Abteilungslei-ter	Software-Entwickler	13-14 (10)	Telefonisch	Maschinen- und Anlagenbau	13.000

Die Interviewpartner sind zu 46 % Diplom-Informatiker bzw. Bachelor oder Master der Informatik, 23 % sind Diplom-Ingenieure, eine Person hat Betriebswirtschaftslehre studiert, zudem gehören zu den Gesprächspartnern ein Physiker, ein Mathematiker und ein Elektromechaniker.

Gleich häufig wird die entwickelte Software als eigenständiges Produkt bzw. als Bestandteil eines Produkts (jeweils neun Nennungen) eingesetzt. Die Verteilung der Programmiersprachen ist fast gleichmäßig auf Java, C++ und C verteilt. Die mehrheitlich genutzten Programmierparadigmen sind (U, FB, 12166): Objektorientierte, modulare und prozedurale Programmierung.

Die Unternehmen sind wiederum am häufigsten in der EDV, Internet und Kommunikationsbranche tätig, wobei vielfach die Option „Sonstige" gewählt wurde und hier sehr unterschiedliche Angaben gemacht wurden (Computer-Systemhaus, Unternehmensberatung, Techn. Consulting & Softwaresysteme, Software-Entwicklungspartner der Industrie).

Fast 70 % der befragten Unternehmen haben eine eigene Software-Entwicklungs-Abteilung mit im Mittel rund 250 Software-Entwicklern und einer Unternehmensgröße von durchschnittlich 2.073 Mitarbeitern (min: 2; max: 13.000). Der Modalwert des Umsatzes beträgt 50-250 Mio. Euro im Vorjahr. Die Firmen liegen in max. 40 km Entfernung zu Aschaffenburg (vgl. Kap. 3.2.1).

Im Vorfeld der statistischen Berechnungen wird hier festgehalten, dass eine Interviewperson (U8) keine Angaben über FKs machen konnte. Daher wird der Vertrauenswert in den Kapiteln 3.4.4.3 und 3.4.4.4 auf Basis der Befragten, abzüglich dieser Person, gebildet.

Zusammenfassung

Zusammenfassend ist festzuhalten, dass die Unternehmen, in denen die Auskunftseinheiten tätig sind, wie Tabelle 17 zeigt, durchschnittlich relativ verschiedenartig sind. Dies zeigt sich vor allem in den Mitarbeiterzahlen, dem Umsatz, der Branchenzugehörigkeit und den Produkten. Diese Tatsache kann eine mögliche Begründung für Divergenzen in den folgenden Untersuchungsfragen sein.

Tabelle 17: Vergleich der durchschnittlichen Unternehmensdaten über die drei Erhebungsverfahren

		Absolventenfragebogen	Unternehmensfragebogen	Interviews mit Unternehmen
Einsatz der SW	Stand-alone	9 Nennungen	18 Nennungen	9 Nennungen
	In Produkt	22 Nennungen	17 Nennungen	9 Nennungen
Programmiersprachen		C, C++	Java, C, C++	Java, C, C++
Branche		- Automobilindustrie - Maschinen- und Anlagenbau	- EDV, Internet und Kommunikationsbranche	- EDV, Internet und Kommunikationsbranche
Mitarbeiterzahl, ges. (∅)		< 1.000	1.482	2.073
Mitarbeiterzahl, SWE (∅)		< 50	170	250
Umsatz (Modalwert)		10 - 50 Mio. €	10 - 50 Mio. €	50 - 250 Mio. €

3.4.3 Auswertung: Bewerbungsverfahren

Dieser Unterpunkt soll die Beantwortung von Leitfrage 3 „Einstellungshäufigkeit, -tests und Bewerbungsverfahren" darstellen. Dazu werden alle drei Teile der Triangulation genutzt (s. Tabelle 18), wobei sich die beiden Elemente der Unternehmensbefragung ergänzen.

Tabelle 18: Auswertung zum Bewerbungsverfahren über alle drei Erhebungsteile

Frage	Absolventen-fragebogen	Unternehmens-fragebogen	Interviews mit Unternehmen (U, Int, fr_8, 9, 10)
Anzahl der Bewerbungsgespräche	10-20 (SWE: Knapp über 10)		Ø 7
Teilnehmer am Bewerbungsgespräch	100 % Fachabteilung 0 % nur Personalabt. 83 % beide	100 % Fachabteilung 0 % nur Personalabt. 42 % beide	
Anforderung von Modulbeschreibung	22 „nein" 0 „ja"		10 „nein" 0 „ja"
Eignungstests	4 Assessment Center 3 Wissensprüfung 3 einzelne Fragen/Rechnungen 10 keine Angabe		5 Programmieraufgabe 1 Fragebogen für überfachliche Kompetenzen 8 kein Test
Wichtige Kriterien für die Auswahl eines Bewerbers	28 % Bewerbung 26 % FKs 46 % ÜFKs	26 % Bewerbung 29 % FKs 44 % ÜFKs	

Die ehemaligen Studierenden werden zu 52 % direkt im Anschluss an die Erstellung der Bachelorarbeit in der jeweiligen Firma übernommen; weitere fünf geben an, nach weniger als einem Monat, sechs nach weniger fünf Monaten eine Stelle gefunden zu haben. Keine Person hat fünf Monate oder länger auf eine Stelle warten müssen. Bei diesen statistischen Werten ist zu bemerken, dass jeweils Ordinalskalen genutzt werden, die in die Wertebereiche ≤ 1, ≤ 5, ≤ 10 und > 10 (A, FB, fr_12418 f.) bzw. ≤ 10, ≤ 20, ≤ 50 und > 50 (A, FB, fr_12416 f.) einteilt. Dies hat zur Folge, dass das niedrigste Intervall jeweils auch die Antwort „0" beinhaltet. Somit ist es nicht möglich, eine Aussage darüber zu treffen, ob und wie viele Auskunftseinheiten diese Option wählen würden. Die Kriterien, die die ehemaligen Bewerber als schwerwiegend im Auswahlverfahren sehen, werden – nach Clustern eingeteilt – zu 28 % die Bewerbung, 26 % Fachkompetenzen und 46 % Schlüsselkompetenzen aufgezählt.

Die Arbeitgeber sagen aus, dass sie in den letzten drei Jahren zwischen zwei und zehn Personen im SWE eingestellt haben und im Schnitt die gleiche Anzahl in den nächsten zwei Jahren einstellen möchten, was einem Anstieg um 1/3 entspricht. Die geclusterten Kriterien, die die Ansprechpartner in den Unternehmen im Auswahlverfahren als essentiell einstufen, sind: 26 % Bewerbung, 29 % FKs und 44 % ÜFKs. Werden die Interviewpartner vor den Extremfall gestellt, ob sie eine Fachperson ohne Schlüsselkompetenzen oder eine Person mit besonders ausgeprägten Soft Skills ohne Fachkenntnis vorziehen würden (U, Int, fr_7), entscheiden sie sich für keinen von beiden. Eine Ausnahme bildet die Suche nach einem Spezialisten, dann stehen die fachlichen Fähigkeiten im Vordergrund. Allerdings ist die allgemeine Meinung, dass man das Fachliche lernen bzw. lehren kann, wohingegen die Selbst-, Sozial- und Methodenkompetenzen nicht vermittelbar sind; evtl. kann dies die Begründung für die hohe Relevanz der ÜFKs im Auswahlverfahren sein. Daher entscheidet sich ein Interviewpartner eindeutig dafür die „fachlich-ungebildete" Person vorzuziehen, mit der Begründung: »*In der*

Zukunft wird ein großes Problem für Absolvent in Deutschland sein, dass es nur noch wenige typische Anfänger Positionen geben wird. [...] Die Ausbildung in Deutschland muss sich entsprechend an dieses neue Situation anpassen und auf die Verschiebung von fachlicher Kompetenz auf überfachliche Kompetenz reagieren« (U12, FB, fr_12208).

Zusammenfassend ist zu sagen, dass die Anzahl der Gespräche im Bereich SWE konvergiert. Auch die Zusammensetzung der an den Gesprächen beteiligten Abteilungen, die stark durch die Unternehmensstruktur und -größe geprägt ist, kann als ähnlich (100 %-ige Teilnahme der Fachabteilung) beschrieben werden. Interessant ist zudem die Tatsache, dass von Unternehmensseite nicht nach Modulbeschreibungen gefragt wird. Eignungstests finden in unterschiedlichen Kategorien statt, werden jedoch nicht durchgängig genutzt. Als Indikatoren für die fachliche Eignung (U, Int, fr_11) sprechen spezifische Terminologien, das subjektive Gefühl und weniger Zeugnisse oder Noten.

3.4.4 Auswertung: Kompetenzen

In diesem Abschnitt sollen die ersten beiden Leitfragen beantwortet werden. Dazu tragen die Antworten auf die folgenden drei Fragen bei, die hier diskutiert werden sollen.

Zunächst wird das Thema **Interdisziplinarität** in Bezug auf die Disziplin SWE betrachtet. In den Interviews (U, Int, fr_5) wurde die Thematik insgesamt betrachtet als relevant (6 Nennungen; 46 %) eingestuft; zwei Personen erachten sie als unbedeutend und weitere drei sind der Ansicht, dass dieses Wissen einer Entwicklung unterliegt, die erst im Unternehmen beginnt bzw. individuell von der Aufgabe und Weiterentwicklung der Person in der Firma abhängig ist. Die Bewertung der ehemaligen Studierenden im Fragebogen anhand einer Vier-Punkte-Likert-Skala ergibt bei Kumulierung der Antwortmöglichkeiten 1 – „sehr wichtig" und 2 –„wichtig" 52 %. Hier konvergieren die Antworten.

Auf die Frage, aus welchen anderen Fachbereichen Wissen nötig ist bzw. mit welchen anderen Fachabteilungen zusammengearbeitet werden muss, geben die Interviewpartner (U, Int, fr_3) mehrfach an: Physik, Elektrotechnik, Maschinenbau/Mechanik, BWL/Bankensektor. Das läuft ebenfalls mit den Aussagen der Absolventen (A, FB, fr_12348) zusammen, die hier vermehrt Konstruktion/Maschinenbau, Elektrotechnik, Projektmanagement und Messtechnik, aber auch Physik und Regelungstechnik nennen.

Als **Gründe für den Erfolg oder Misserfolg von Softwareprojekten** werden im Absolventenfragebogen (A, FB, fr_12350 ff.) vor allem die Teamzusammensetzung, die SKs sowie die MKs hoch bewertet (1 „sehr wichtig" und 2 „wichtig"), weniger die FKs der einzelnen Mitglieder der Gruppe. Gegensätzlich hierzu sprechen die Auskunftseinheiten in den Gesprächen häufig das Projektmanagement, Entwicklungsfehler, die soziale Kompetenz (v. a. Kommunikation) und die Tatsache an, dass häufig *»am Markt vorbei«* (U3, Int, fr_4) entwickelt wird.

In den folgenden drei Unterkapiteln soll vor allem auf die Gewichtung der geforderten Kompetenzen eingegangen werden. Dazu werden die Auswertungen der beiden Fragebögen genutzt. Zum einen soll hierbei die interkategoriale Verteilung (s. Kap. 3.4.4.1), d. h. zwischen Fach- und Schlüsselkompetenzen, sowie das intrakategoriale Verhältnis – innerhalb der fächerübergreifenden (s. 3.4.4.2) resp. bereichsbezogenen Kompetenzen (s. Abschnitt 3.4.4.3) ermittelt werden. Im Anschluss daran werden in 3.4.4.4 die fachspezifischen Kompetenzen näher betrachtet und dazu das Expertengespräch mit den Arbeitgebern detailliert analysiert.

3.4.4.1 Interkategoriales Verhältnis von Kompetenzen

Zur Betrachtung des optimalen prozentualen Verhältnisses zwischen generischen und fachspezifischen Kompetenzen werden im Folgenden die beiden Fragebögen genutzt, in denen die Befragten gebeten werden, eine Verteilung anzugeben.

Absolventenfragebogen

Wie in Abbildung 18 zu sehen ist, entspricht der Modalwert der 21 gegebenen Antworten (A, FB, fr_12359 ff.) einem Verhältnis von 70 fachlich zu 30 überfachlich, weiterhin sind die Ausprägungen 60:40 und 50:50 häufig vertreten. Zudem ist anzumerken, dass die FKs durchweg – mit zwei Ausnahmen – höher eingestuft werden als die ÜFKs. Vergleicht man die Extremwerte der Rückmeldungen miteinander (s. Abbildung 19, nächste Seite), fällt auf, dass diese gegensätzlich sind (25:75 und 80:20). Der Mittelwert entspricht näherungsweise der zweithäufigsten Auskunft (60:40).

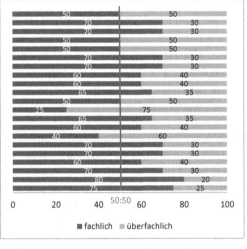

Abbildung 18: Einzelantworten zur interkategorialen prozentualen Verteilung aus der Sicht von Absolventen

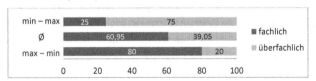

Abbildung 19: Extremwerte und Durchschnitt der interkategorialen prozentualen Verteilung aus der Sicht von Absolventen

Unternehmensfragebogen

Im Falle der Firmenbefragung (U, FB, fr_12205 f.) werden 20 Antworten gegeben mit einem Modalwert von 70 % Fachkompetenzen zu 30 % Schlüsselkompetenzen. Weiterhin werden häufig die Proportionen 60:40 und teilweise 50:50 eingetragen (s. Abbildung 20).

Die fachbezogenen Inhalte werden auch hier – wie bereits in der Befragung von Alumni als wichtiger oder gleichwertig zu den generischen Kompetenzen bewertet (eine Ausnahme). Das fachliche Minimum liegt bei 40 %, das Überfachliche hingegen bei einem Prozentpunkt. Dieser Wert kann als „Ausreißer" bezeichnet werden, da die folgenden Werte mindestens dem 200-fachen dieses Wertes entsprechen. Somit kann, abgesehen von diesem Spezialfall, das Minimum bei 20 % festgelegt werden.

Im Schnitt liegt das Verhältnis fachlich zu überfachlich bei 64 % zu 36 % (s. Abbildung 21).

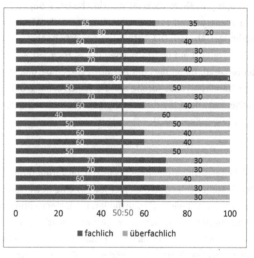

Abbildung 20: Einzelantworten zur interkategorialen prozentualen Verteilung aus der Sicht von Unternehmen

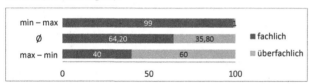

Abbildung 21: Extremwerte und Durchschnitt der interkategorialen prozentualen Verteilung aus der Sicht von Unternehmen

Zusammenfassung

Die ehemaligen Studierenden geben durchschnittlich ein Verhältnis von 61:39 (fachlich – überfachlich) an; die Arbeitgeber von 64:36. Schließt man den „Ausreißer" (99:1) aus dem Mittelwert aus, erhält man ein Ergebnis von 62:38. Infolgedessen lässt sich eindeutig bemerken, dass die Aussagen der beiden Erhebungseinheiten konvergieren; bemerkenswert ist die Verteilung von 60 % (64 %) ÜFKs und 40 % (36 %) FKs im Auswahlverfahren aus Unternehmenssicht (Absolventensicht) bei Vernachlässigung (U, FB, fr_12212; A, FB, fr_12420) der Bewerbung.

Betrachtet man im Vergleich dazu die Kompetenzen, die die Auskunftseinheiten als Voraussetzung für einen Absolventen im Software Engineering angeben, nennen die Unternehmen (U, FB, fr_12182) zu 68 % fachspezifische (H_n = 58) und zu 32 % generische (H_n = 27) Inhalte, was wiederum mit der expliziten Frage nach dem interkategorialen Verhältnis konvergiert (s. vorheriger Absatz). Die Antworten der Arbeitnehmer (A, FB, fr_12325) basieren demgegenüber vermehrt auf überfachlichen (57 %, H_n = 39), als auf fachlichen (43 %, H_n = 30) Kompetenzen; evtl. hängt dies mit der noch kurzen beruflichen Tätigkeit und der damit verbundenen stärkeren Fokussierung auf die Weiterbildung ÜFKs zusammen. Dies könnte möglicherweise mit dem Eindruck aus den Bewerbungsgesprächen zusammenhängen (U, FB, fr_12212; s. Kap. 3.4.3).

3.4.4.2 Wichtigkeit überfachlicher Kompetenzen

Zur Untersuchung der Bedeutsamkeit fächerübergreifender Kompetenzen werden die beiden Fragebögen genutzt, da hier jeweils eine Bewertung mittels Likert-Skala (1 – „sehr wichtig"... 4 – „nicht wichtig") stattfindet. Die Untersuchung bezieht sich sowohl auf die einzelnen Erhebungsteile wie auch auf deren Kombination (U, FB, 12184 ff.; A, FB, fr_12327 ff.). Es werden jeweils Mittelwerte und Standardabweichungen zu den einzelnen Kompetenzen innerhalb einer Befragung gebildet. Die Durchschnitte werden zur Einführung eines Rankings genutzt. Um zudem ein Gesamtranking einführen zu können, wird der Mittelwert über beide Fragebögen gebildet; diese Informationen werden durch die Differenz der Mittelwerte (Δ) ergänzt.

Selbst- und Sozialkompetenzen

Tabelle 19: Vergleich der intrakategorialen Wichtigkeit von Selbst- & Sozialkompetenzen aus Sicht von Arbeitnehmern und Arbeitgebern im Einzelnen und in Kombination

		Kommunikationsfähigkeit	Konzentrationsfähigkeit & Durchhaltevermögen	Kritisch-forschendes Denken	Neugierde & Selbstmotivation	Reflexionsfähigkeit	Selbstbewusstsein & Selbstvertrauen	Selbstständigkeit & Selbstverantwortung	Soziale Verantwortung & interkulturelle Kompetenz	Teamfähigkeit
Absolventen	$\bar{x}_A$	1,25	1,63	1,42	1,42	1,75	1,67	1,21	1,92	1,29
	σ_A	0,52	0,63	0,49	0,49	0,72	0,69	0,41	1,04	0,54
	p_A	96%	96%	96%	96%	96%	96%	96%	96%	96%
	Ranking²	2	6	4	4	8	7	1	9	3
Unternehmen	$\bar{x}_U$	1,23	1,41	1,55	1,45	1,82	2,09	1,36	1,91	1,27
	σ_U	0,42	0,49	0,58	0,58	0,57	0,73	0,57	0,79	0,54
	p_U	100%	100%	100%	100%	100%	100%	100%	100%	100%
	Ranking²	1	4	6	5	7	9	3	8	2
$\Delta = \bar{x}_A - \bar{x}_U$ ¹		0,02	0,22	-0,13	-0,04	-0,07	-0,42	-0,16	0,01	0,02
$\bar{x}_{ges}$		1,239	1,517	1,481	1,436	1,784	1,879	1,286	1,913	1,282
Gesamtranking²		1	6	5	4	7	8	3	9	2

¹) Wertebereich für Δ (betragsmäßig): 0…0,25   0,26…0,49   0,5…∞
²) Wichtigste Kompetenzen grau umrahmt

Angaben zu den SSKs haben 20 Absolventen und 22 Unternehmen getätigt. Dabei liegt der Konfidenzwerte ($p \geq 96\,\%$) stets im Vertrauensintervall (s. Tabelle 19; vgl. Abschnitt 3.4.1). Weiterhin ist zu bemerken, dass $\Delta_{max} = 0,42$ ist und daher kaum Abweichungen zwischen den Mittelwerten vorliegen. Die höchste Standardabweichung über beide Fragebögen entspricht $\sigma_{max} = 1,04$.

Die wichtigsten Kompetenzen – sowohl bei Einzelbetrachtung als auch in Kombination – sind: Kommunikationsfähigkeit, Teamfähigkeit und Selbstständigkeit & Selbstverantwortung. Diese explizite Bewertung deckt sich fast komplett mit der impliziten Frage nach wichtigen Soft Skills in „U, FB, fr_12181" und „A, FB, fr_12324": Teamfähigkeit (H_{nU} = 15; H_{nA} = 13)[13], Kommunikationsfähigkeit (H_{nU} = 13; H_{nA} = 12) und Selbstständigkeit/-verantwortung (H_{nU} = 6; H_{nA} = 7).

---

[13] H_{nU} = abs. Häufigkeit im Unternehmensfragebogen; H_{nA} = abs. Häufigkeit im Absolventenfragebogen

Methodenkompetenzen

Die Methodenkompetenzen (s. nachfolgende Tabelle) werden von 20 Absolventen und 21 Unternehmen bewertet. Der Vertrauenswert liegt durchgängig bei $p \geq 92\,\%$ und damit im Vertrauensintervall (vgl. Abschnitt 3.4.1). Die Abweichungen zwischen den Mittelwerten $\bar{x}_A$ und $\bar{x}_U$ beträgt maximal 0,49. Die insgesamt maximale Standardabweichung liegt bei $\sigma_{max} = 1,02$.

Tabelle 20: Vergleich der intrakategorialen Wichtigkeit von Methodenkompetenzen aus Sicht von Arbeitnehmern und Arbeitgebern im Einzelnen und in Kombination

		Audiovisuelles Verständnis	Debattieren & Argumentieren	Informations- & Kommunikationstechnik	Kreativität	Lern- & Arbeitsstrategien	Lesetechnik & Informationsverarbeitung	Projektmanagement	Präsentieren & Referieren	Prüfungsstrategien	Recherchieren	Wissenschaftliche Texte verfassen
Absolventen	$\bar{x}_A$	1,65	1,65	1,83	1,78	2,13	1,65	1,78	1,70	2,04	2,17	2,48
	σ_A	0,56	0,87	0,76	0,78	0,80	0,76	0,78	0,62	0,86	0,82	0,77
	p_A	92%	92%	92%	92%	92%	92%	92%	92%	92%	92%	92%
	Ranking[2]	1	1	7	5	9	1	5	4	8	10	11
Unternehmen	$\bar{x}_U$	2,14	1,90	1,52	1,35	1,86	1,90	2,05	2,10	2,10	2,14	2,90
	σ_U	0,77	0,75	0,73	0,65	0,77	0,75	1,00	1,02	0,75	0,71	0,94
	p_U	100%	100%	100%	100%	100%	100%	100%	100%	100%	100%	95%
	Ranking[2]	9	4	2	1	3	4	6	7	7	9	11
$\Delta = \bar{x}_A - \bar{x}_U$ [1]		-0,49	-0,25	0,30	0,43	0,27	-0,25	-0,27	-0,40	-0,05	0,03	-0,42
$\bar{x}_{ges}$		1,898	1,778	1,675	1,566	1,994	1,778	1,915	1,895	2,069	2,158	2,689
Gesamtranking[2]		6	3	2	1	8	3	7	5	9	10	11

[1]) Wertebereich für Δ (betragsmäßig):   0...0,25   0,26...0,49   0,5...∞
[2]) Wichtigste Kompetenzen grau umrahmt

Mit der höchsten Relevanz bewertet werden im Gesamtranking: Kreativität, Informations- & Kommunikationstechnik, Debattieren & Argumentieren sowie Lesetechnik & Informationsverarbeitung. Bemerkenswerterweise werden in „U, FB, fr_12181" und „A, FB, fr_12324" (Angabe von wichtigen Soft Skills in einem Freitextfeld) nahezu keine MKs genannt.

Zusammenfassung

Die Spannweite der Mittelwerte im Bereich der Selbst- & Sozialkompetenzen beträgt zwischen den wichtigsten vier Kompetenzen bei Absolventen $r = 0,05$; d. h. diese sind in ihrem Stellenwert im Gegensatz zu den übrigen Kompetenzen als „gleichwertig" zu betrachten. Diese Streuung ist bei der Befragung von Arbeitgebern höher $r = 0,55$.

Die Wertebereich der Durchschnitte liegt bei den SSKs bei 1,2...1,9, bei den MKs im Intervall 1,6...2,7. Als Konsequenz lässt sich erkennen, dass die Selbst- & Sozialkompetenzen generell wichtiger als die Methodenkompetenzen anzusiedeln sind. Die Anmerkung, dass in den offenen Fragen nach Schlüsselkompetenzen keine methodischen Fähigkeiten genannt werden, unterstreicht diese Verteilung.

3.4.4.3 Wichtigkeit fachlicher Kompetenzen

Dieser Abschnitt basiert ebenfalls auf den Fragebögen, genauer gesagt der Bewertung der Bedeutsamkeit von FKs. In Tabelle 21 sind sowohl die Einzelergebnisse der Fragebögen (Teilnehmer: 20 Absolventen, 24 Unternehmen) aufgetragen wie auch die Aggregation. Hierbei bewerten die Arbeitnehmer die Dokumentation, die Softwarequalität, den Softwaretest und das Anforderungsmanagement am höchsten. Den Arbeitgebern sind die Programmierung, der Softwareentwurf, die Softwarequalität und ebenfalls das Anforderungsmanagement besonders wichtig.

Im Allgemeinen liegen die Konfidenzwerte im festgelegten Vertrauensintervall (vgl. Abschnitt 3.4.1). In dieser Betrachtung sind sich die Absolventen und Unternehmen im Vergleich zu den beiden überfachlichen Kompetenzfeldern in Kap. 3.4.4.2 am „uneinigsten" (vgl. jeweils Δ). Fast durchgängig (mit zwei Ausnahmen) bewerten die Unternehmen den Stellenwert der FKs höher als die ehemaligen Studierenden. Trotzdem liegen die Abweichungen zwischen den Mittelwerten mit $\Delta_{max} = 0{,}54$ relativ niedrig.

Tabelle 21: Vergleich der intrakategorialen Wichtigkeit von fachlichen Kompetenzen aus Sicht von Arbeitnehmern und Arbeitgebern im Einzelnen und in Kombination

		Anforderungs-analyse	Software-entwurf	Programmie-Rung	Softwaretest	Software-wartung	Konfigurations-management	Projekt-management	Vorgehens-modell	Entwicklung-swkz. & -meth.	Software-qualität	Dokumentation
Absolventen	$\bar{x}_A$	1,61	1,85	1,68	1,59	2,45	2,35	1,95	2,50	2,45	1,59	1,39
	σ_A	0,82	0,79	0,82	0,72	0,59	0,65	0,79	1,02	0,92	0,65	0,57
	p_A	92%	80%	88%	88%	80%	80%	84%	80%	80%	88%	92%
	Ranking[2]	4	6	5	2	9	8	7	11	9	2	1
Unternehmen	$\bar{x}_U$	1,41	1,35	1,30	1,43	2,23	1,90	2,09	2,10	1,91	1,39	1,74
	σ_U	0,49	0,48	0,62	0,65	0,60	0,92	0,78	0,99	1,00	0,57	0,61
	p_U	92%	96%	96%	96%	92%	88%	96%	83%	92%	96%	96%
	Ranking[2]	4	2	1	5	11	7	9	10	8	3	6
$\Delta = \bar{x}_A - \bar{x}_U$ [1]		0,20	0,50	0,38	0,16	0,22	0,45	-0,13	0,40	0,54	0,20	-0,35
$\bar{x}_{ges}$		1,509	1,599	1,493	1,513	2,339	2,127	2,020	2,300	2,180	1,491	1,565
Gesamtranking[2]		3	6	2	4	11	8	7	10	9	1	5

[1]) Wertebereich für Δ (betragsmäßig):   0...0,25   0,26...0,49   0,5...∞
[2]) Wichtigste Kompetenzen grau umrahmt

Die wichtigsten Kompetenzen im Gesamtranking stellen die Qualität, die Programmierung, das Anforderungsmanagement und der Test dar. Auch hier ist die Spannweite zwischen den ersten sechs Plätzen des Rankings, bezogen auf die Gesamtmittelung, mit $r = 0,108$ sehr gering. Diese Positionierungen können in ihrer Relevanz als äquivalent eingestuft werden. Zudem decken sich diese mit den ersten sechs Kompetenzen in der Rangordnung der Einzelerhebungen (Reihenfolge differiert). Die übrigen fünf Kompetenzen sind in der Gesamtbetrachtung davon „abgeschlagen" (s. Wertebereich 2,020...2,339), aber in sich wiederum relativ stark gruppiert ($r = 0,319$).

3.4.4.4 Ausprägung fachlicher Kompetenzen aus Unternehmenssicht

Die geforderte Ausprägung einzelner fachlicher Kompetenzen aus Sicht der Unternehmen wird mit Hilfe des Experteninterviews erhoben. Zur Auswertung und Transkription wird eine QDA-Software – kurz für Qualitative Data Analysis – (hier: f4 analyse, dr. dresing & pehl GmbH) genutzt. Die weiteren Fragen des Leitfadens werden wiederum über eine Excel-Tabelle geordnet, Cluster gebildet und Häufigkeiten sowie Durchschnittswerte ermittelt (online verfügbar).

Bei der Auswertung der Ausprägungen wird wie in Abbildung 21 skizziert vorgegangen: Nach den Gesprächen werden diese mit Hilfe der Tonaufnahmen – bis auf zwei Ausnahmen, hier liegen Protokolle vor – transkribiert. Diese Transkriptionen werden kodiert und mit Memos hinterlegt, die die „Übersetzung" der Abschnitte in das EVELIN-Niveau-Klassen-Modell (vgl. Kap. 2.3.3) darstellen und zu quantitativen Werten führen (vgl. Triangulation, Kap. 3.2.3), um im Anschluss Häufigkeiten der Ausprägungen über eine Kompetenz kumulieren, Mittelwerte und Standardabweichungen sowie den Vertrauenswert berechnen zu können.

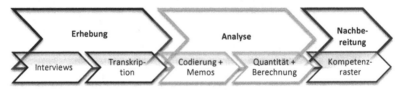

Abbildung 22: Phasen im Prozess der qualitativen Befragung und Auswertung von fachlichen Kompetenzen auch Unternehmenssicht

Auch hier werden Zitate eindeutig mit der Firmen-ID und dem Absatz belegt; Bsp.: „U5, Abs. 22". Als Absätze wird jede einzelne Aussage einer einzelnen Person bezeichnet und in den Transkriptionen kenntlich gemacht.

Für die Transkription und die Translation des Gesagten in die EVELIN-Taxonomie werden folgende Regeln eingeführt:

Transkriptionsregeln

- Es wird mit Zeitmarken transkribiert.
- Jeder Abschnitt beinhaltet die Aussagen einer Person.
- Die Transkription erfolgt wörtlich mit einer leichten Glättung.
- Die Interviewpartner und ihre Aussagen werden anonymisiert.
- Sprechpausen werden durch „(...)", lachen durch „((lacht))" oder „(lacht)" visualisiert.
- Verbale Rückmeldungen des Interviewers werden nicht transkribiert.
- Nicht verstandene Wörter werden mit „WORT?" markiert.
- Der Interviewer erhält das Kürzels „F", die Auskunftseinheit „A". Bei mehreren Befragten wird das Kürzel durch eine Nummerierung ergänzt.

Kodierung

Die Kodierung erfolgt wiederum in vier Schritten: Zunächst werden alle Textpassagen „fett"-markiert, die sich mit fachlichen Kompetenzen befassen, da darauf das Hauptaugenmerk in den Interviews liegt. Danach werden den Aussagen die Codes für die jeweilige Knowledge Area zugeordnet (s. Anhang A.5). Anschließend erfolgt eine detailliertere Untersuchung dieser Abschnitte in Bezug auf Teilkompetenzen (Sub Area I und II), die zum Teil bereits durch den Leitfaden definiert sind und sich zum Teil durch die Gespräche und im Laufe der Kodierung herauskristallisieren; ihnen werden ebenfalls Codes in Unterebenen des KAs zugeordnet. Der letzte Schritt besteht darin, den identifizierten Themengebieten die jeweilige Ausprägung zuzuordnen, die entweder vom Gesprächspartner explizit genannt wird oder implizit aus der Aussage gefiltert bzw. in die Taxonomie „übersetzt" werden muss. Bei der expliziten Nennung einer Niveau-Klasse ist ebenfalls auf den Kontext zu achten, da es starke Unterschiede zwischen den EVELIN-Definitionen und dem allgemeinen Sprachgebrauch gibt (z. B.: Unterscheidung zwischen verwenden – anwenden); die Fachkompetenzen sind in Anhang A.5 erläutert.

Translationsregeln

Falls von den Interviewpartnern Aussagen getroffen werden, die nicht eindeutig einer Taxonomie-Stufe zuzuordnen sind bzw. sie sowohl eine theoretische als auch eine praktische Prägung im Sinne des Niveau-Klassen-Modells voraussetzen, werden die analysierten Ebenen innerhalb der Memos dokumentiert und nach der „Logik" der Taxonomie (s. Abbildung 6) entweder mehrere Ausprägungen vermerkt. Falls diese sich gegenseitig beinhalten, wird die „höchste" Stufe notiert, die die übrigen genannten subsumiert.

Für die Interpretation impliziter Beschreibungen von Ausprägungsstufen wird während der Kodierung eine Matrix (s. Anhang A.5) angefertigt, in der die Interpretation bestimmter Umschreibungen in Bezug auf die Taxonomie festgehalten wird, um so eine einheitliche „Übersetzung" gewährleisten zu können. Allerdings ist diese Struktur nicht als Vorlage zur Übertragung gedacht, da die Translation immer unter Einbeziehung des Kontextes erfolgen muss, sie kann dennoch als Richtschnur genutzt werden.

Berechnung des Vertrauenswertes

Die Berechnung des Vertrauenswertes erfolgt, wie in Kap. 3.4.1 beschrieben. Der Nenner dieser Formel beträgt $13 - 1 = 12$ (vgl. „Beschreibung der Interviewpartner" in Abschnitt 3.4.2). Wie in Tabelle 22 und 23 zu sehen ist, können Werte > 100 angenommen werden. Dies ist der Nichtlinearität der EVELIN-Taxonomie und der beschriebenen „Übersetzungsregel" geschuldet. So kann die Summe aller Antworten pro Kompetenz > 12 werden, wenn eine oder mehr Personen, die mehr als eine Ausprägung implizit oder explizit geäußert hat/haben, die nicht ineinander beinhaltet sind.

Eine Verschiebung der Skala auf die maximale Anzahl an gegebenen Antworten wird nicht vorgenommen, da sonst die Bedeutung des Prozentsatzes 100 % verschoben wird und nicht mehr der Tatsache „alle haben geantwortet" entspricht.

Auswertung

Zunächst wird an dieser Stelle auf die vollständige Auswertung im Anhang A.5 verwiesen. Dort befinden sich die Eingruppierung der einzelnen Aussagen in das Kompetenzraster sowie die Kumulierung der Häufigkeiten einzelner Prägungstiefen pro Kompetenz. Zur Erleichterung der Mittelwertbildung über die Niveau-Klassen wird eine Werteskala (s. Tabelle 22) eingeführt. Weiterhin werden unterschiedliche farbliche Abstufungen definiert.

Tabelle 22: Legende der Wertebereiche und farblichen Abstufungen für die Auswertung der Ausprägung fachlicher Kompetenzen im Anschluss an die Kodierung der Interviews

EVELIN-Taxonomie		Vertrauens-wert	Standard-abweichung
Niveau-Klassen	Zahlenwert		
Keine	1 (1,0...1,4)	0...20%	0,00...0,50
Erinnern/Wissen	2 (1,5...2,4)	21...40%	0,51...1,00
Verstehen	3 (2,5...3,4)	41...60%	0,99...1,50
Erklären	4 (3,5...4,4)	61...80%	1,51...2,00
Verwenden	5 (4,5...5,4)	8...100%	2,01...2,50
Anwenden	6 (5,5...6,4)	101...111%	2,51...3,00
(Weiter-)Entwickeln	7 (6,5...7,0)		

Bei der kombinierten Berücksichtigung der Standardabweichung und des Vertrauenswertes, gilt: Je heller die farbliche Markierung von σ – d. h. eine niedrige Streuung – und je dunkler zugleich die Tönung von p – was einem hohen Vertrauen entspricht –, desto reliabler und valider ist $\bar{x}$ (vgl. Tabelle 23; z. B. „Projektmanagement" → „Planung").

Tabelle 23: Auswertung der Ausprägung fachlicher Kompetenzen auf Basis der kodierten Interviews

Knowledge Area (KA)	Subarea I (SA I)	Subarea II (SA II)	$\bar{x}$	p	σ
Anforderungs-management	Anforderungsgrundlagen		3,54	108%	1,34
	Lasten-/Pflichtenheft		3,54	108%	1,15
	Spezifikation		3,86	58%	1,12
	Prozess		3,33	100%	1,37
Software-entwurf	SW-Design-Grundlagen		5,82	92%	0,57
	Key Issue in Software Design		5,07	117%	1,03
	SW-Struktur/-Architektur		3,50	83%	1,12
Implementie-rung	Programmierungsgrundlagen		3,85	108%	2,01
	Funktionale Sicherheit		3,50	17%	0,50
	Implementierung, allg.		5,00	17%	1,00
Softwaretest	SW-Test-Grundlagen		3,33	75%	1,76
	Testarten		4,00	92%	0,85
		Unittest	4,17	100%	0,99
		Integrationstest	4,17	100%	0,99
		Systemtest	4,17	100%	0,99
	Test Prozess		4,36	117%	1,44
	Testdriven Development		4,67	50%	1,89
	Test-Tools		4,00	17%	2,00
Wartung	SW-Wartungsgrundlagen		2,00	83%	1,18
	SW-Wartungsmethoden		2,33	50%	1,49
		Re-Engineering	2,50	83%	1,75
		Reverse Engineering	2,30	83%	1,55
	Wartbarkeit		3,00	42%	0,63
Konfigurationsmanagement			2,82	92%	1,34
Projekt-man.	Planung		3,00	100%	1,00
	Umsetzung		4,31	108%	1,49
Vorgehens-modelle	Software-Lebenszyklus-Modell		2,73	92%	1,14
	Wasserfallmodell		2,75	100%	1,16
	V-Modell		3,50	100%	1,04
	eXtreme Programming		3,58	100%	1,04
	Scrum		3,54	108%	1,01
	Vorgehensmodelle, allg.		3,25	67%	0,83
Qualität	Qualitätsmerkmale		3,33	100%	1,55
	SW-Qualitäts-Grundlagen		4,50	33%	0,50
Dokumentation	Projekt-/allg. Dokumentation		5,17	100%	1,28
	Source-Code-Dokumentation		5,23	108%	1,25
Entwicklungsmethoden/-tools		allg.	3,80	83%	1,94
		Entwicklungsumgebung	5,33	25%	0,47

Im Vergleich zur Wichtigkeit fachlicher Kompetenzen stellt sich die Frage, ob eine tiefere Prägung und eine höhere Wichtigkeit einer Kompetenz konvergieren. Um einen Zusammen-hang qualitativ ermitteln zu können, werden Mittelwerte über die Knowledge Areas gebildet, deren Wichtigkeit in den Fragebögen bewertet werden sollte. Stellt man die Rangfolgen der Prägung ($\bar{x}$) mit dem Ranking der Wichtigkeit bei Betrachtung (a) beider Fragebögen und (b) der Unternehmensfragebögen gegenüber (s. Tabelle 24, S. 64; farbliche Abstufungen), lässt sich erkennen, dass es konvergierende (teils sogar übereinstimmende) Positionen gibt, aber auch divergente Werte enthalten sind. Vergleicht man hingegen die ersten sechs Positionen (hier fett und kursiv), betrifft dies die gleichen Kompetenzen. Somit ist ein Zusammenhang möglich, aber nicht eindeutig. Eine weitere quantitative Untersuchung zur Ermittlung der Korrelation wäre hier ratsam.

Tabelle 24: Gegenüberstellung (a) des Rankings der Knowledge Areas nach der Tiefe der durchschnittlichen Prägung und dem Ranking der Wichtigkeit der Fachkompetenz in (b) „U + A, FB" und (c) „U, FB"

Knowledge Area (KA)	$\bar{x}$	(a) Ranking nach $\bar{x}$	(b) Ranking nach Wichtigkeit (U + A, FB)	(c) Ranking nach Wichtigkeit (U, FB)
Anforderungsmanagement	3,57	8	*3*	*4*
Softwareentwurf	4,80	2	*6*	*2*
Programmierung/Implementierung	4,12	4	*2*	*1*
Softwaretest	4,11	5	*4*	*5*
Softwarewartung	2,43	11	11	11
Konfigurationsmanagement	2,82	10	8	7
Projektmanagement	3,65	7	7	9
Vorgehensmodelle	3,22	9	10	10
Softwarequalität	3,92	6	*1*	*3*
Dokumentation	5,20	1	*5*	*6*
Entwicklungswerkzeuge/-methoden	4,57	3	9	8
Legende: $\lvert Ranking(\bar{x}) - Ranking(Wichtigkeit)\rvert$	> 4	3...4	1...2	0

3.4.5 Auswertung: Lehrveranstaltungsevaluation und Defizite bei Absolventen

Um erste Defizite bei Absolventen und der Lehr-/Lern-veranstaltung identifizieren zu können, werden die Leitfrage 4 (Defizite aus Unternehmenssicht) und 5 (Veranstaltungsevaluation der Absolventen) analysiert. Um einen besseren Überblick über die Mechatronik-Alumni zu bekommen, ist in Abbildung 23 die Anzahl und prozentuale Verteilung der ausgebildeten Arbeitnehmer über die Abschlussjahrgänge aufgetragen.

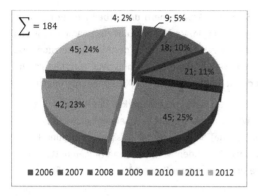

Abbildung 23: Kuchendiagramm zur Verteilung der Anzahl der befragten ehemaligen Studierenden über die Abschlussjahrgänge (in Anlehnung an Gold et al., 2014, S. 102)[14]

Sechs der 25 Teilnehmer haben keine Angabe getätigt, wann Sie die Veranstaltung SWE gehört hat. Da in einzelnen Jahrgängen nur eine Person an der Umfrage teilgenommen haben (s. Jahrgänge 2005, 2007, 2011; Abbildung 24), wird aus Mangel an Informationen keine separate Evaluation nach Semestern bzw. Dozierenden vorgenommen.

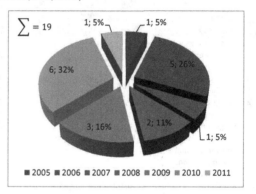

Abbildung 24: Kuchendiagramm zur Verteilung der Anzahl der der Befragungsteilnehmer nach dem Jahr in dem sie die SWE besucht haben

Im Folgenden wird zunächst eine kompetenzorientierte Veranstaltungsevaluation durchgeführt und mit den Defiziten aus Unternehmenssicht gekoppelt. Weiterhin werden weitere positive und negative Aspekte sowie Verbesserungsvorschläge aus der Retrospektive der ehemaligen Studierenden analysiert.

3.4.5.1 Kompetenzorientierte Betrachtung

Zur Auswertung der **rückblickenden Lehrveranstaltungsevaluation** werden zwei Befragungsteile in Augenschein genommen. Es handelt sich dabei um die Itembatterien, die die fachspezifischen Kompetenzen, Selbst- & Sozialkompetenzen sowie die Methodenkompetenzen in der Softwaretechnik untersuchen. Diese Kompetenzen werden zweimal bewertet; einmal

---

[14] (Gold et al., 2014, S. 102; © 2014 IEEE. Reprinted, with permission.)

nach ihrer Bedeutung im Kontext aus Sicht von Arbeitgebern und Arbeitnehmern (s. Kap. 3.4.4.2 und 3.4.4.3) und zweitens ihre Vermittlung im Verlauf der Lehr-/Lernveranstaltung an der HAB im Studiengang Mechatronik; diese Einstufung erfolgt in der Absolventenstudie (A, FB, fr_12375 ff.). In Kombination kann eine Überprüfung des Moduls SWE aufgrund von Inkonsistenzen zwischen der Wichtigkeit der Kompetenzen und den Kursinhalten erfolgen.

Die Untersuchung basiert auf der Prämisse, dass eine Vergleichbarkeit der Relevanz und der Vermittlung besteht. Weiterhin wird davon ausgegangen, dass eine weniger wichtige (sehr wichtige) Kompetenz und eine niedrige (hohe) Bewertung der Wissensvermittlung keiner Anpassung in der Lehrveranstaltung bedarf. Die beiden Bewertungen erfolgen mittels einer Vier-Punkte-Likert-Skala, somit ist keine Umrechnung der Daten nötig (s. Tabelle 25).

Tabelle 25: Soll-Ist-Vergleich der Wichtigkeit von Kompetenzen und deren Vermittlung (bewertet durch Absolventen)

Kompetenzen	Wichtigkeit (Soll) $\bar{x}_{Soll}$	Vermittlung (Ist) $\bar{x}_{Ist}$	σ	Vergleich (Soll-Ist)[1] $\bar{x}_{Soll} - \bar{x}_{Ist}$	Ranking
Fachkompetenzen					
Anforderungsanalyse	1,51	1,89	0,46	-0,38	
Softwareentwurf	1,60	2,17	0,60	-0,57	
Programmierung	1,49	2,37	0,81	-0,88	7
Softwaretest	1,51	2,32	0,86	-0,81	
Softwarewartung	2,34	3,00	0,82	-0,66	
Konfigurationsmanagement	2,13	2,69	0,92	-0,56	
Projektmanagement	2,02	2,06	0,70	-0,04	
Vorgehensmodell	2,30	1,79	0,61	0,51	
Entwicklungswerkzeuge & -methoden	2,18	2,06	0,62	0,12	
Softwarequalität	1,49	2,37	0,93	-0,88	7
Dokumentation	1,57	2,26	0,78	-0,69	
Selbst- & Sozialkompetenzen					
Kommunikationsfähigkeit	1,24	2,05	0,84	-0,81	
Konzentrationsfähigkeit & Durchhaltevermögen	1,52	2,43	0,73	-0,91	5
Kritisch-forschendes Denken	1,48	2,38	0,84	-0,90	6
Neugierde & Selbstmotivation	1,44	2,71	0,76	-1,27	1
Reflexionsfähigkeit	1,78	2,43	0,79	-0,65	
Selbstbewusstsein & Selbstvertrauen	1,88	2,91	0,73	-1,03	2
Selbstständigkeit & Selbstverantwortung	1,29	2,05	0,56	-0,76	
Soziale Verantwortung & interkulturelle Kompetenz	1,91	2,91	0,90	-1,00	3
Teamfähigkeit	1,28	1,73	0,75	-0,45	
Methodenkompetenzen					
Audiovisuelles Verständnis	1,90	2,45	0,72	-0,55	
Debattieren & Argumentieren	1,78	2,41	0,89	-0,63	
ICT	1,68	2,05	0,65	-0,37	
Kreativität	1,57	2,32	0,82	-0,75	
Lern- und Arbeitsstrategien	1,99	2,50	0,89	-0,51	
Lesetechnik & Informationsverarbeitung	1,78	2,73	0,86	-0,95	4
Projektmanagement	1,92	1,73	0,62	0,19	
Präsentieren & Referieren	1,90	1,86	0,69	0,04	
Prüfungsstrategien	2,07	2,73	0,81	-0,66	
Recherchieren	2,16	2,68	0,76	-0,52	
Wissenschaftliche Texte verfassen	2,69	2,45	0,89	0,24	

Legende: $\bar{x}_{Soll} - \bar{x}_{Ist}$ > 0,00   0,00...-0,42   -0,43...-0,85   -0,86...-1,28

Negative Werte sagen aus, dass der Wissenstransfer geringer ist als die Wichtigkeit dieser Kompetenz. Aufgrund der maximalen Soll-Ist-Differenz von -1,27, wird die Spannweite - 1,27 ... 0,00 gleichmäßig in eine Ampellogik (hier: Abstufungen) unterteilt (s. Legende, Tabelle 25). Positive Werte implizieren, dass die Wissensvermittlung, die für die Erzeugung von Kompetenz erforderlich ist, höher bewertet ist als die Relevanz auf diesem Teilgebiet.

Handlungsbedarf besteht demnach (vgl. Ampellogik) bei folgenden Kompetenzen:

- FKs: Programmierung, Softwarequalität
- SSKs: Konzentrationsfähigkeit & Durchhaltevermögen, Kritisch-forschendes Denken, Neugierde & Selbstmotivation, Selbstbewusstsein & Selbstvertrauen, Soziale Verantwortung & interkulturelle Kompetenz
- MKs: Lesetechnik & Informationsverarbeitung

Genannte **Defizite bei Bewerbern aus Unternehmenssicht** (U, FB, fr_12207), die vermehrt und wiederkehrend auffallen, können in die folgenden Cluster gruppiert werden:

- 12 % Projekterfahrung
- 38 % ÜFKs: Kommunikationsfähigkeit (H_n= 5), Teamfähigkeit (H_n= 3), unsicheres Auftreten (H_n= 2) > Selbstvertrauen & Selbstbewusstsein
- 50 % FKs: Prozesskenntnis (H_n= 5), veraltetes Wissen (H_n= 4), Anforderungsmanagement (H_n= 2), Embedded-SWE (H_n= 2)

Vor dem Hintergrund der beiden Blickwinkel lässt sich festhalten, dass lediglich der Punkt Selbstbewusstsein & Selbstvertrauen in beiden Analysen enthalten ist.

Auffällig ist dennoch, dass sich die zwei am häufigsten angegebenen Defizite im Bereich der Selbst- und Sozialkompetenzen mit den zwei wichtigsten Kompetenzen im Gesamtranking (vgl. Kap. 3.4.4.2) decken. Dies könnte als Indiz für die vermutete Konvergenz zwischen der Bedeutsamkeit und der Tiefe der Prägung bzw. der Anforderung von Abreitgebern sein.

3.4.5.2 Verbesserungspotenzial

Um im Folgenden Verbesserungspotenziale[15] aufdecken zu können, werden die folgenden Fragen, die hauptsächlich den Fragebögen entnommen sind, ausgewertet und in Kap. 5 zur Ideensammlung von möglichen Anpassungen im Curriculum auf Basis der erhobenen Daten aufgegriffen.

---

[15] Auffällig häufig wird angegeben, dass die Vorlesung zu lange zurückliegt, um hier sinnvolle Aussagen machen zu können.

1. **An welchen Stellen benötigen die Studierenden im Arbeitsalltag Informatikinhalte?**

   Auf die Frage nach Berührungspunkten zum SWE im Berufsalltag (A, FB, fr_12304) nennen die Umfrageteilnehmer mehrfach: Berechnung/Messung, µC-Programmierung, Steuerungssysteme, Softwaretest, bei der Abstimmung mit der SW-Entwicklung und weitere vier Personen geben „immer" an. Zudem geben die Befragten an, dass Informatikinhalte in ihrem beruflichen Umfeld meist in Form der SW-Entwicklung (H_n= 11) und der Programmierung (H_n= 9) auftreten (A, FB, fr_12303). Allerdings schätzen fast 80 % der Teilnehmer ihre Tätigkeit so ein, dass sie „eher nicht" im SWE arbeiten (A, FB, fr_12430).

2. **An welche ersten Eindrücke/Probleme erinnern sich die Absolventen?**

   Die ersten Eindrücke der Berufseinsteiger beziehen sich hauptsächlich darauf, dass die Spezialisierung erst während der eigentlichen Tätigkeit erfolgt und das Studium einen Themenüberblick gibt; v. a. in der disziplinenübergreifenden Mechatronik. Sie erkennen trotzdem einiges aus Studium wieder, aber nicht im Detail (A, FB, fr_12367). Als Probleme werden vielfach die nicht ausreichende fachliche Vertiefung, die im Nachhinein mit viel Aufwand verbunden ist sowie die Einarbeitung in bestehenden Code genannt (A, FB, fr_12368). Die Frage, ob und wie sich die Befragten neues Wissen beigebracht haben, wird nicht von allen bearbeitet; gegebene Antworten sind allerdings immer zustimmend (A, FB, fr_12369). Die Aneignung von neuen Inhalten kann über folgende Kanäle ablaufen: Fachliteratur (H_n = 8), Kollegen (H_n = 8), (Online-)Tutorials (H_n = 4) und das Internet (H_n = 4).

3. **Welche Verbesserungsvorschläge zu den Inhalten und dem Format der Veranstaltung haben die ehemaligen Studierenden?**

   Die Entscheidungsfrage, ob die Veranstaltung SWE rückblickend auf das Berufsleben vorbereitet hat, wird zu 58 % positiv beantwortet. Weitere Optimierungsmöglichkeiten bieten die Fragen „A, FB, fr_12408 ff.":

   - Nicht ausreichend tiefgehend: Praxisorientierung, objektorientierte Programmierung, Anforderungsmanagement, Softwaretest, Dokumentation und Selbstständigkeit; ganz vermisst wird ein Überblick über die Programmiersprachen.

   - Als zu ausführlich: V-Modell, Anforderungsanalyse; was gegenläufig zu dem vorherigen Punkt ist. Es wird bemängelt, dass die von Kommilitonen bearbeiteten Seminarthemen nicht in der richtigen Qualität vorliegen und daher eine Vorlesung oder ein »gutes Buch« (A, FB, fr_12411) präferiert werden.

   - Am Format würden die ehemaligen Studierenden folgende Punkte ändern: Mehr und stärker zielgerichtete Vorlesung, Durchmischung der Gruppen nach der Seminarphase. Positiv wird das Softwareprojekt aufgenommen, hier wird jedoch der Wunsch nach einer *»wesentlich bessere[n] Betreuung und Hilfestellungen«* (A, FB, fr_12412) geäußert (vgl. A, FB, fr_12373).

4. **Welchen Studiengang sollte ein optimaler Kandidat für die Arbeit als Software Engineer absolviert haben?**

Diese Frage wird sehr unterschiedlich beantwortet (s. Tabelle 26); Aussagehäufungen treten bei den Fachrichtungen Informatik, Elektro- und Informationstechnik sowie Mechatronik auf.

Tabelle 26: Verteilung der für optimal umschriebenen Studiengänge für die Arbeit im SWE

Studiengang	A, FB, fr_12363	U, Int, fr_6
Informatik	4	6
Elektrotechnik	1	
Elektro- und Informationstechnik	9	4
Mechatronik	4	4
Maschinenbau		1
sonstige	5	

Ein Interviewpartner gibt an, dass die Arbeit im SWE unabhängig von der technischen Studienrichtung ist, sondern das Hauptaugenmerk auf der Beherrschung des Anwendungsgebiets liegt (U11, Int, fr_6).

3.4.6 Vergleich der Ergebnisse mit anderen EVELIN-Verbundpartnern

Ein Vergleich zu anderen Verbundpartnern ist lediglich innerhalb der technischen Achse, d. h. hier SWE als „Nebenfach", sinnvoll. Daher kommt eine Relation der Erkenntnisse nur bzgl. der Standorte Coburg, Regensburg und HAB in Frage; der Sozius Regensburg hat sich mit einer solchen Erhebung noch nicht befasst. An dieser Stelle sollen nun kurz die Ergebnisse aus der Masterarbeit von Ebert (2013) dargestellt werden, in der die drei Studiengänge Maschinenbau, Technische Physik und Elektrotechnik einzeln betrachtet, aber nun im Vergleich zur Mechatronik summiert werden:

Tabelle 27: Vergleich der überfachlichen Kompetenzen (Coburg – Aschaffenburg)

Hochschule Coburg		HAB[16]	
Zitat[17]	Translation	SSK	MK
»Problemstellungen [...] mit einer logischen und analytischen Denkweise „verstehen" können« (Ebert, 2013, S. 37)	Kritisch-forschendes Denken	Platz 5	
»mit Informatikern auf fachlicher Ebene [gegenseitig] austauschen können« (Ebert, 2013, S. 37, 50, 60)	Kommunikationsfähigkeit	Platz 1	
»grundlegendes Verständnis für Informatik und IT-Prozesse haben« (Ebert, 2013, S. 39)	ICT		Platz 2
»Motivation zum Einsatz von Programmiertechniken haben« (Ebert, 2013, S. 40)	Neugierde & Selbstmotivation	Platz 4	

---

[16] Die Platzierungen entsprechen der ermittelten Wichtigkeit der ÜFKs, s. Kap. 3.4.4.2.

[17] Keine Aussagen über Tiefe, Wichtigkeit oder Verhältnis zueinander.

Bei der Gegenüberstellung der identifizierten ÜFKs (s. Tabelle 27) ist anzumerken, dass nur ein Teil der an der HAB betrachteten Kompetenzen im Rahmen der Masterarbeit von Ebert ermittelt werden konnte. Grund hierfür ist die gewählte Erhebung mittels qualitativer Interviews und einem frei gehaltenen Leitfaden, der – im Gegensatz zu der Erhebung der HAB – nicht an bestimmte Themenfelder geknüpft ist; die Gesprächspartner haben die „fehlenden" Kompetenzen schlicht nicht von sich aus genannt. Die geäußerten ÜFKs (HS Coburg) liegen aber alle im Bereich der Wichtigsten (HAB).

Der Vergleich der FKs ist nahezu nicht möglich, da Ebert die „Software- Engineering- und Programmierkompetenzen" in Augenschein nimmt und 75 %[18] der dort ermittelten Kompetenzen an der HAB die Voraussetzung für das Modul SWE bilden (vgl. Modulhandbuch, Kap. 2.4.1.1). In Ergänzung dazu sind in Tabelle 28 die übrigen drei von Ebert aus seinen Interviews dokumentierten FKs aufgelistet. Die Ausprägungstiefe ist jeweils auf einem hohen Niveau im Gegensatz zur durchschnittlichen Erwartung der Interviewpartner in Aschaffenburg.

Tabelle 28: Identifizierte fachliche Kompetenzen aus der Erhebung am Standort Coburg

Kompetenz[19]	keine	erinnern/ wissen	verste-hen	erklä-ren	verwen-wen-den	anwen-den
Dokumentation[20]					5,2	
Wartung		2,43				
Entwicklungswerkzeuge & -methoden				4,57		
Legende:	Erhebung der HS Coburg			Erhebung der HAB ($\bar{x}$)		

Es kann festgehalten werden, dass die Relation zwischen den Verbundpartnern aufgrund unterschiedlicher Abgrenzungen des Begriffs SWE, anderen Zielsetzungen der Studien und Auswertungsmethoden – sogar innerhalb der technischen Achsen – schwer bis nicht möglich ist.

---

[18] Anzahl der ermittelten FKs in (Ebert, 2013): 12 (3 Maschinenbau, 4 Technische Physik, 5 Elektrotechnik); davon im Sinne des EVELIN-Teams an der HAB in Informatik I und II angesiedelt, d. h. „reine" Programmierung (8) und Informatikgrundlagen (1).

[19] Als weitere Kompetenz wird das Beherrschen von Informatikgrundlagen genannt (vgl. Ebert, 2013, S. 68), was in MT an der HAB in den Veranstaltungen Informatik I und II angesiedelt ist.

[20] In (Ebert, 2013) als überfachliche Kompetenz eingetragen.

3.4.7 Vergleich mit Literatur

In Recherchearbeiten wird eine Quelle gefunden, die die hiesige Forschungsfrage ansatzweise abdeckt, sich aber primär mit dem Weiterbildungsbedarf von Wirtschaftszweigen – darunter die IT-/Softwarebranche[21] – beschäftigt (vgl. Heyse et al., 2002) und daher betrachtet wird.

Zur Ermittlung nutzen Heyse et. al Literaturrecherchen, die Analyse von Stellenanzeigen und eine Primärdatenerhebung[22] zur kompetenzbasierten Lernkultur, um daraus Kompetenzanforderungs-Profile zu entwickeln (vgl. Heyse et al., 2002, S. 9), die auf den vier Kompetenzfeldern nach Erpenbeck & Rosenstiel (2007, S. XXIII f.) basieren.

Die Verteilung der Kompetenzen[23] gliedert sich in 21 % (persönlichkeitsbezogen), 35 % (aktivitätsbezogen), 79 % (fachlich-methodisch) und 22 % (sozial-kommunikativ) des Maximums je Feld (vgl. Heyse et al., 2002, S. 17). Das entspricht umgerechnet einer Verteilung von 50:50 (FKs – ÜFKs), was konvergent zur Verteilung in Kap. 3.4.4.1 ist.

Als zentrale Kompetenzen werden explizit Teamfähigkeit, Kommunikationsfähigkeit, Begeisterungsfähigkeit (Motivation), Selbstständigkeit, analytische Fähigkeiten (Kritisch-forschendes Denken), Kreativität, Branchenkenntnis, z. T. Spezialkenntnisse und Programmiersprachen (Java, C++, HTML) genannt (vgl. Heyse et al., 2002, S. 29 ff.). Das deckt exakt die ersten fünf Plätze der SSKs und den ersten Platz des MKs ab (vgl. Kap. 3.4.4.2).

Als Einstellungsgrundlage gilt das Studium, wobei Zeugnisse im Ranking der wichtigsten Auswahlkriterien nicht unter den ersten drei liegen (vgl. Heyse et al., 2002, S. 29), was das Ergebnis aus Abschnitt 3.4.3 bestätigt; hier liegen Zeugnisse als Kriterium hinter den ÜFKs und FKs.

Somit können einige der erhobenen Daten und Auswertungen als bestätigt gelten.

---

[21] Nur die IT-/Software-Branche wird aus Heyse et. al (2002) betrachtet, da diese die Software- bzw. Anwendungsentwicklung beinhalte. Die anderen enthaltenen Branchen sind für den Vergleich ungeeignet.
[22] Quantitativ: 550 Unternehmen; qualitativ: 30 Geschäftsführer
[23] ÜFKs: Persönlichkeitsbezogen, aktivitätsbezogen, sozial-kommunikativ; FKs: fachlich-methodisch

4 Entwicklung eines ersten Soll-Kompetenzprofils

In diesem Kapitel soll der Grundstein für die Entwicklung eines Soll-Kompetenzprofils gelegt werden. Infolgedessen erheben die folgenden Analysen, Vergleiche und Schlussfolgerungen keinen Anspruch auf Vollständigkeit, Widerspruchslosigkeit oder vollständiger Objektivität, da vor allem an dieser Stelle viel Interpretationsspielraum gegeben ist; es wird versucht diesem durch Systematik und umfassende Nutzung der zur Verfügung stehenden Daten zu begegnen.

Zunächst erfolgt die Entwicklung eines Soll-Kompetenzprofiles aus Arbeitsmarksicht (s. Kap. 4.1). Dazu werden die erhobenen Daten zur Wichtigkeit der Kompetenzen aus den Fragebögen sowie die Interviews genutzt.

Im Anschluss wird dieses Profil mit den intendierten Kompetenzen des Dozenten überlagert (s. Abschnitt 4.2), um somit zu einem Soll-Kompetenzprofil zu gelangen, das die geforderten Aspekte der betrachteten Stakeholder umfasst.[24]

4.1 Erstes Soll-Kompetenzprofil aus den Erhebungsergebnissen

Bei der Untersuchung der **fachspezifischen Kompetenzen** basiert die Entwicklung eines ersten Kompetenzprofils aus Arbeitsmarktsicht in erster Linie auf den analysierten Ausprägungsstufen im Rahmen der Interviews. Da es sich in den folgenden Ausführungen um die ersten Schritte in Richtung eines Kompetenzprofiles handelt, wird hier zunächst die Grobstruktur, d. h. die Knowledge Areas, betrachtet. Das erlaubt die zweiteilige Superposition aus Wichtigkeit und Ausprägung.

Zur Umrechnung[25] der Vier-Punkte-Skala (4 − „gar nicht" ... 1 − „sehr") in die eingeführte Werteskala der Taxonomie (1 − „keine" ... 7 − „Entwickeln") kann folgende Formel genutzt werden:

$$x_{1...7} = 7 - 2 \cdot (x_{4...1} - 1)$$ Gleichung 7

In Abbildung 25 sind die einzelnen Bewertungen der Wichtigkeit fachlicher Kompetenzen (KAs) aus Sicht der Absolventen (A, FB, fr_12313 ff.), der Unternehmen (U, FB, fr_12170 ff.), der Interviewpartner (ebenfalls aus „U, FB") sowie das arithmetische Mittel aufgetragen; darüber gelegt ist die durchschnittliche Prägung (s. Auswertung der codierten Interviews, online bei Springer).

---

[24] Die analysierten und vorgestellten Kompetenzprofile dürfen nicht in ihrer Bedeutung missverstanden werden; so entsprechen diese nicht den Ist-Kompetenzen der Studierenden nach erfolgreich bestandener Prüfung oder gar im Anschluss an das abgeschlossene Studium.

[25] $x_{1...7}$ = Wert auf der Sieben-Punkte-Skala; $x_{4...1}$ = Wert auf der Vier-Punkte-Skala

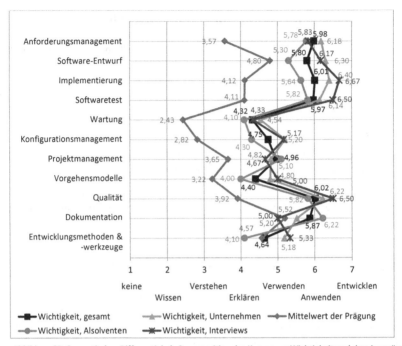

Abbildung 25: Semantisches Differential als Superposition der Kurven zur Wichtigkeit und den Ausprägungsstufen fachlicher Kompetenzen

Zu sehen ist die durchgehend übereinstimmende Bewertung in der Wichtigkeit. Im Gegensatz dazu verläuft die Linie, die die Tiefe der Prägung repräsentiert im Schnitt um einen Skalenwert niedriger; allerdings ist der Verlauf wiederum sehr ähnlich. Geht man davon aus, dass sich ein Absolvent, d. h. ein Berufsanfänger „lediglich" im Taxonomiebereich bis „Anwenden" befindet, kann man von einer Konvergenz des Verlaufes und des Wertebereiches sprechen.

Diese Annahme kann dadurch untermauert werden, dass die Klasse „(Weiter-)Entwickeln" weder von Unternehmen (s. Anhang A.5) gefordert, noch in im Curriculum SS 2013 oder den intendierten Kompetenzen aus Dozentensicht (s. Anhang A.1, A.2) enthalten ist; was sich auch mit dem Verständnis weiterer Verbundpartner deckt. Die Kompetenzstufe wird frühestens in der Ausarbeitung einer Masterarbeit, nicht im Bachelorstudium gesehen (vgl. Kap. 2.4.1.1).

Nimmt man die beschriebene Anpassung vor und rechnet die Vier-Punkte-Skala in die Taxo-nomie-Skala mit Hilfe der untenstehenden Gleichung[26] um, die nun im Wertebereich 1 – „keine" ... 6 – „Anwenden" liegt, erhält man die in Abbildung 26 (s. S. 75).

$$x_{1...6} = 6 - \frac{5}{3} \cdot (x_{4...1} - 1)$$

Gleichung 8

Aus der aggregierten Darstellung wird das fachliche Kompetenzprofil abgeleitet, indem die Werte der Niveau-Klassen – Basis des Prozesses – bei großen Abweichungen zur Wichtigkeit auf die nächste Vertiefungsebene „aufgerundet" werden. Das führt dazu, dass die Aussagen der Interviewpartner zu ihren Erwartungen an einen Absolventen nur positiv verschoben werden, also noch immer dem „Mindestmaß" des Durchschnitts genügen (s. schwarze Mar-kierungen, Abbildung 26). Zudem ist so eine exakte Stufe der Taxonomie, also eine natürli-che Zahl festgelegt, „nicht nur" eine reelle Zahl.

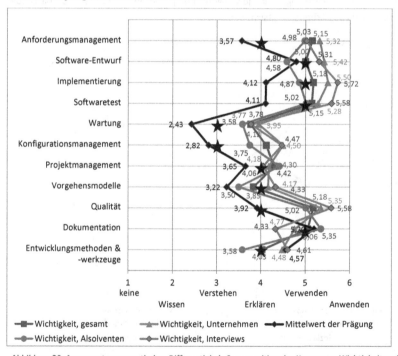

Abbildung 26: Angepasstes semantisches Differential als Superposition der Kurven zur Wichtigkeit und den Ausprägungen fachlicher Kompetenzen (exklusive der Stufe „(Weiter-)Entwickeln")

---

[26] $x_{1...6}$ = Wert auf der Sechs-Punkte-Skala

Das Kompetenzprofil im Hinblick auf die **generischen Kompetenzen** wird durch die Bewertung der Relevanz in den unterschiedlichen Erhebungen gebildet. Dazu werden die bereits analysierten Daten aus Kapitel 3.4.4.2 genutzt und ebenfalls in ein semantisches Differential übertragen, das sowohl die SSKs wie auch die MKs beherbergt. Betrachtet werden jeweils drei Mittelwerte: Der Absolventenbefragung, der Unternehmensfragebögen und beider Datenquellen in Kombination (s. Abbildung 27, S. 76).

Als weiterer Input können die Freitextkommentare beider Fragebögen genutzt werden, deren Inhalt wiederum bereits ausgewertet ist (s. Abschnitt 3.4.4.2). Demnach sind die wichtigsten ÜFKs alle im Bereich der Selbst- & Sozialkompetenzen angesiedelt: Teamfähigkeit, Kommunikationsfähigkeit und Selbstständigkeit/-verantwortung (vgl. Abbildung 27); diese werden übereinstimmend von beiden Befragungsgruppen erwähnt.

Daher wird die Mittelung der jeweiligen Kompetenzen zunächst als Basis-Soll-Kompetenzprofil aus Arbeitsmarktsicht behandelt.

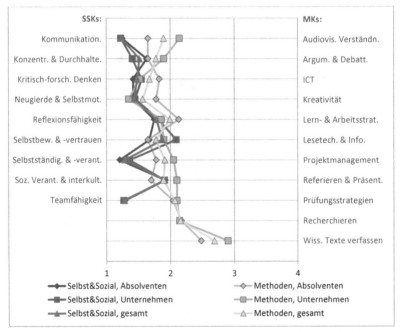

Abbildung 27: Semantisches Differential als Superposition der Kurven zur Wichtigkeit überfachlicher Kompetenzen

4.2 Untersuchung: Soll-Kompetenzprofil hinsichtlich intendierter Kompetenzen

Werden nun abschließend die **fachlichen Soll-Kompetenzen** (s. Abschnitt 4.1) aus Arbeitsmarktsicht mit den Intentionen des Dozierenden (s. Kap 2.4) verglichen, erhält man Abbildung 28. Diese enthält zusätzlich die Ergebnisse der Differenzberechnung[27] zwischen Intention und dem Soll-Kompetenzprofil aus Arbeitsmarktsicht:

$$\Delta = x_{Intention} - \bar{x}_{Arbeitsmarkt} \hspace{2cm} \text{Gleichung 9}$$

Positive Werte beschreiben eine höher beabsichtigte Formung einer Kompetenz, als es von der Wirtschaft gefordert ist. Negative Werte hingegen verdeutlichen, an welchen Stellen von der Berufswelt mehr gefordert wird, als es die Absicht des Dozierenden ist. Dies ist ausschließlich an drei Stellen der Fall (absteigende Reihenfolge): Wartung, Implementierung, Software-Entwurf. Hierbei ist zu bemerken, dass die Implementierung einen sehr wichtigen Stellenwert in der Informatik besitzt, im Software Engineering allerdings nur ein Teil der gesamten Entwicklung von Programmen darstellt und im Studiengang Mechatronik an der HAB Inhalt der Veranstaltungen˙ Informatik I und II in den ersten beiden Semestern ist (vgl. Kap. 2.4.1.1).

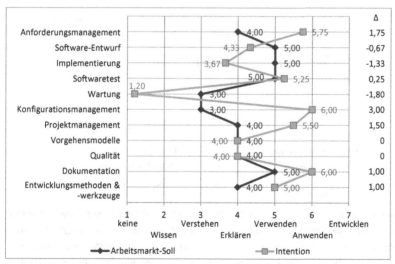

Abbildung 28: Überlagerung der fachspezifischen Soll-Kompetenzprofile aus Arbeitsmarkt- und Dozentensicht

---

[27] $x_{Intention}$ = Skalenwert der vom Dozierenden intendierten Ausprägung einer fachlichen Kompetenz; $\bar{x}_{Arbeitsmarkt}$ = Skalenwert der vom Arbeitsmarkt geforderten Kompetenzen (über alle erhobenen Informationen)

Stellt man die wirtschaftlichen Anforderungen dem Bestreben des Lehrbeauftragten im Bereich der überfachlichen Kompetenzen gegenüber, ist abermals eine Angleichung der Skalenniveaus nötig. Der „Dozentenwunsch" ist der Arbeit von Schwirtlich (2013, S. 46) entnommen, der diese Daten bereits von Herrn Prof. Dr.-Ing. Abke auf Basis der von ihm entwickelten Δ-Wertung (s. Unterpunkt 2.3.3) erhoben hat. Die Bewertungen der Wichtigkeit werden dieser Skala mittels folgender Gleichung angepasst und in ein Diagramm (s. Abbildung 29) übertragen.

$$x_{1\ldots6} = 6 - \frac{5}{3} \cdot (x_{4\ldots1} - 1)$$

Gleichung 10

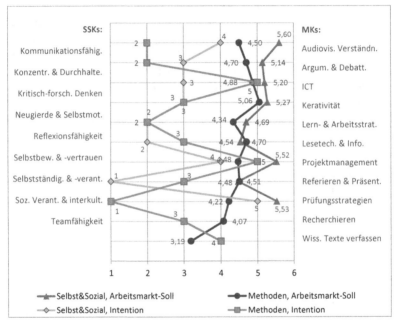

Abbildung 29: Überlagerung des Soll-Kompetenzprofils aus Sicht der Wirtschaft und der Dozentenintentionen im Hinblick auf überfachliche Kompetenzen

Zu erkennen ist, dass die Erwartungen der Abreitnehmer und Arbeitgeber in den seltensten Fällen erreicht oder übertroffen werden (s. ICT, Projektmanagement, wissenschaftliche Texte verfassen). Anzumerken ist dabei, dass das Projektmanagement im SWE auch eine fachliche Kompetenz darstellt. Die großen Abweichungen in Abbildung 29 müssen letztendlich auch unter dem Aspekt betrachtet werden, dass die Wichtigkeit der Soft Skills sehr hoch ist, aber nicht alleine durch die Veranstaltung SWE geprägt werden können. Eine Weiterentwicklung dieser Handlungskompetenzen stellt einen kontinuierlichen und – stärker noch als bei den Fachkompetenzen – individuellen, persönlichen Lernprozess dar. Auch in Anbetracht der

Nomenklatur der „fächerübergreifenden" Kompetenzen, müssen diese über den gesamten Bildungsweg, das politische, sozio-kulturelle, ökonomische und technologische Umfeld (vgl. PEST-Analyse) ausgebildet werden – das kann eine einzige Lehrveranstaltung nicht leisten.

5 Erste Empfehlungen zur Anpassung der Lehrveranstaltung

Aufgrund der zeitlichen Limitierung im Projekt, soll die Lehr-/Lernveranstaltung jedes Jahr anhand neuer empirischer und wissenschaftlicher Erkenntnisse – durch Erfahrungen im EVE-LIN-Verbund und am Standort sowie durch die Studierendenevaluation am Ende des jeweiligen Semesters und Abschlussarbeiten – trotz des geplanten fünfstufigen Vorgehens (s. Abbildung 1, S. 3) angepasst und im folgenden SS in einem Experiment umgesetzt werden. Die Planung hierzu erfolgt demnach im vorhergehenden WS. Es ist daher sinnvoll, schon hier Anregungen für Änderungen von SS 2013 auf SS 2014 zu geben, um möglichst viele Iterationsschleifen (s. nachfolgende Grafik) durchlaufen zu können.

Abbildung 30: Iterativer Prozess der Veranstaltungsoptimierung (in Anlehnung an Schwirtlich, 2013, S. 43)

Da im Laufe des letzten Semesters bereits Änderungen im Rahmen des EVELIN-Projektes umgesetzt wurden und zwischen den Befragungsteilnehmern (zeitnahester Besucher in 2011, s. Abbildung 24, S. 65) und den jetzigen Studierenden (SS 2013) mindestens zwei Jahre liegen, sind einige der durch die Erhebungen explizit oder implizit erhaltenen Optimierungspotenziale schon in die Anpassung von SS 2012 auf SS 2013 eingeflossen und daher für die Empfehlungen zur Anpassung von SS 2013 (s. Abbildung 8, S. 20) auf SS2014 hinfällig.

Identifizierte Optimierungsmöglichkeiten für SS 2014

Im Bereich der **fachlichen Kompetenzen** fallen einige Punkte während der Erhebung negativ auf, die ggf. verbessert werden könnten (s. Tabelle 29).

Bei der Betrachtung der Implementierung ist allerdings zu berücksichtigen, dass die Programmierung an sich Bestandteil der Veranstaltungen Informatik I und II in den ersten beiden Semestern ist (vgl. Kap. 2.4.1.1). Die am häufigsten genannten Programmiersprachen (U, FB, fr_12165 und A, FB, fr_12309) – namentlich C, C++ und Java – verdeutlichen allerdings, dass in den Veranstaltungen (hier wird die Programmiersprache C genutzt) keine Anpassung diesbezüglich nötig ist.

Tabelle 29: Analyse für Verbesserungspotenziale im Bereich der fachlichen Kompetenzen auf Basis der identifizierten Defizite

Kompetenz	Verbesserungspotenzial[1]	Wichtigkeit, gesamt[2]	Defizite, Unternehmenssicht[3]	Soll-Kompetenzprofile, Arbeitsmarkt + Dozent[4]	Soll-Ist-Vergleich[5]
Softwaretest	ungenügend	Platz 4			
Dokumentation	ungenügend	Platz 5			
Anforderungsmanagement	ungenügend	Platz 3	Defizite		
Entwurf		Platz 6		-0,67	
Wartung				-1,80	
Qualität		Platz 1			-0,88
Implementierung		Platz 2		-1,33	-0,88

[1] (A, FB, fr_12408; Kap. 3.4.5.2)   [2] (Tabelle 21; Kap 3.4.4.3)   [3] (U, FB, fr_12207; Kap. 3.4.5.1)
[4] (Abbildung 28; Kap. 4.2   [5] (Tabelle 25; Kap. 3.4.5.1)

In Bezug auf die **Soft Skills** sind folgende Punkte allgemein anzumerken, dass die ÜFKs mit im Schnitt rund 40 % (s. Kap. 3.4.4.1) einen nicht zu vernachlässigenden Anteil hat; v. a. die SSKs haben dabei einen hohen Stellenwert (vgl. Abschnitt 3.4.4.2). Ihre Ausbildung ist stark an das Format der Lehrveranstaltung geknüpft. Aus Tabelle 25 auf S. 66 lassen sich die größten Schwächen der Veranstaltung zusammentragen[28]; weiterhin kann die Liste der kompetenzorientierten Defizite[29] (vgl. Kap. 3.4.5.1) genutzt werden. Aus den ersten Eindrücken, die den Absolventen aus dem Berufseinstieg geblieben sind (A, FB, fr_12369), lässt sich festhalten, dass sie sich viele Inhalte im Selbststudium erarbeiten müssen und die am häufigsten genutzte Quelle noch immer die Fachliteratur – trotz des Internets – ist. Daher ist der Umgang mit Fachbüchern und die damit verbundene Lesetechnik & Informationsverarbeitung nach wie vor besonders wichtig. Als Wunsch nach einer Änderung im Inhalt oder Format der Veranstaltung (s. Kap. 3.4.5.2) wird aus Absolventensicht zudem die mangelnde Selbstständigkeit genannt, die wiederum in Abschnitt 3.4.4.2 auf Platz drei der bedeutsamsten Soft Skills gesehen wird.

Alle genannten Mängel sind in Tabelle 30 zusammengetragen und nach bereits durchgeführten Maßnahmen (SS 2012 zu SS 2013) und noch umzusetzender Optimierungen differenziert aufgelistet. Auffallend häufig ist hier die Motivation in Kombination zu anderen Kompetenzen zu finden, was den Denkansatz von John Erpenbeck bekräftigt: »*Fach- und Methodenwissen muss emotional so „imprägniert" werden, dass es zu Fach- und Methodenkompetenzen wird*« (HRK, 2013, s. Kommentar aus Interview).

---

[28] Hieraus entnommen: Konzentrationsfähigkeit & Durchhaltevermögen, Kritisch-forschendes Denken, Neugierde & Selbstmotivation, Selbstbewusstsein & Selbstvertrauen, Soziale Verantwortung & interkulturelle Kompetenz, Lesetechnik & Informations-verarbeitung

[29] Hieraus entnommen: Selbstbewusstsein & Selbstvertrauen, Kommunikationsfähigkeit, Teamfähigkeit

Tabelle 30: Analyse der bereits durchgeführten und empfohlenen Anpassungen im Bereich der überfachlichen Kompetenzen auf Basis der identifizierten Defizite (Ausschnitte in Gold et al., 2014, S. 105)[30]

Kompetenz	Änderungen von SS 2012 auf SS 2013	Weitere mögliche Änderungen
Konzentrationsfähigkeit & Durchhaltevermögen		Motivation stärken, wenn möglich intrinsisch, da tiefer verankert und länger anhaltend
Kritisch-forschendes Denken	Konferenz des Wissens eingeführt, in der die Studierenden sich gegenseitig Themen beibringen sollen	Stärker den Ansatz des "Learning by Teaching" verfolgen → Selbstbewusstsein & -vertrauen
Neugierde & Selbstmotivation	• Projektphase: Projektmanagement und Artefakte mussten in den Gruppen selbstständig geplant werden → Motivation • Seminarphase: Einführung einer Wiki-Plattform (Videos und Übungen von Studierenden erstellt) → Kritisch-forschendes Denken • Awards: Vergabe am Ende des Semesters → Motivation	• Mehr positive Verstärkung: Feedback, Lob • Wettbewerbs-/Sportgeist wecken (aber: Nicht für alle motivierend) • Teamgeist zur Motivationssteigerung nutzen
Selbstbewusstsein & Selbstvertrauen (in 3.4.5.1)	Produktpräsentation vor den anderen Gruppen und EVELIN-Beteiligten am Standort Aschaffenburg	Team-Rollen: Um das Wissen über die eigenen Stärken und Schwächen zu verbessern kann ein Test nach Belbin (2010) genutzt werden
Soziale Verantwortung & interkulturelle Kompetenz	Datenblätter und notwendige Informationen sind z. T. in englischer Sprache verfasst	Nutzung des Englischen als Fremdsprache weiter verstärken, z. B. in Artefakten/Präsentation
Kommunikationsfähigkeit (in 3.4.5.1)	• Konferenz des Wissens: Bei der sich die Studierenden gegenseitig neue Inhalte vermitteln sollen • Experten-Pooling: Im Vorfeld der Konferenz des Wissens, in dem sich Personen austauschen, die das gleiche Seminarthema hatten • Kundengespräche: „Fiktive" Kunden als Auftraggeber → Selbstbewusstsein & Selbstvertrauen	Forum in Kombination mit der Wiki-Plattform zur Förderung des Austausches untereinander (unabhängig von der Phase)
Teamfähigkeit (in 3.4.5.1)		Analyse der Team-Rollen: Besseres Verständnis für Stärken/Schwächen innerhalb der Gruppe → Selbstbewusstsein & Selbstvertrauen
Selbstständigkeit & Selbstvertrauen		Förderung: Eigenständiges Abreiten v. a. in der Projektphase; Projektcharakter vertiefen; nur Rahmen (z. B. Meilensteine) vorgeben
Lesetechnik & Informationsverarbeitung	Die Themen der Seminarphase wurden spezialisiert	Mehr Literatur in der Seminarphase zur Verfügung stellen (evtl. auch auf Englisch → Soziale Verantwortung & interkulturelle Kompetenz

---

[30] (Gold et al., 2014, S. 105; © 2014 IEEE. Reprinted, with permission.)

6 Zusammenfassung und Ausblick

Ziel dieser Arbeit war es im Rahmen des dem BMBF geförderten Verbundprojektes EVELIN – „Experimentelle Verbesserung des Lernens von Software Engineering" (Förderkennzeichen 01PL12022B) die Anforderungen des Arbeitsmarktes an einen Absolventen im Bereich Software Engineering zu analysieren, mit der Option ein Soll-Kompetenzprofil aus Arbeitsmarktsicht zu generieren.

Nach der Kurzvorstellung des Projektes und einiger begrifflicher Abgrenzungen wurden der Aufbau und das geplante Vorgehen dargelegt (s. Kapitel 1). Im Anschluss daran wurden im Stand der Forschung Möglichkeiten zur Messung und Bewertung von Kompetenzen sowie Taxonomien zur Klassifizierung von Kompetenzen vorgestellt; darunter die EVELIN-Taxonomie und das EVELIN-Kompetenzraster, das bei der Bestandsaufnahme des Curriculum im SS 2013 und der Erfassung der Dozentenintention Anwendung fand (s. Kapitel 2).

Zur Erhebung der Arbeitsmarktdaten wurde aus dem Mangel an sekundären Forschungsdaten eine Primärerhebung genutzt, die sowohl Arbeitgeber wie auch Arbeitnehmer umfasste, um den Arbeitsmarkt so möglichst umfassend abdecken zu können. Die Arbeitnehmer wurden hierbei durch die Mechatronik-Absolventen der Hochschule Aschaffenburg verkörpert. Als Arbeitgeber konnten 246 Unternehmen im Umkreis von 70 km Radius um die HAB identifiziert werden. Den Forschungsgegenstand bildeten sowohl fachliche als auch überfachliche Kompetenzen. Im Anschluss an die Auswahl der Erhebungsverfahren und die Erstellung der Fragebögen und des Interviewleitfadens fanden die Befragungen statt. Zur Auswertung der Fragebögen wurde die Tabellenkalkulation mittels Excel genutzt um Häufigkeiten, Standardabweichungen und Vertrauenswerte zu berechnen; zudem wurden Cluster gebildet. Die Analyse der Interviews erfolgte durch eine QDA-Software (s. Kapitel 3).

Die so aufbereiteten Daten wurden separat und kombiniert ausgewertet. Im Endeffekt wurde so die erste Version des in der Aufgabenstellung optionalen Soll-Kompetenzprofils aus Arbeitsmarktsicht erstellt (s. Kapitel 4). Dieses wurde zudem mit den originären Absichten des Dozierenden verglichen. Weiterführend konnten sogar Empfehlungen zur Anpassung des Curriculums abgeleitet werden (s. Kapitel 5), die anschließend in der Entwicklung des Experiments „SS 2014" (s. Abbildung 1, S. 3) eingebracht und umgesetzt werden können.

Die Eignung des SWEBOK's als fachlicher Kompetenzkatalog zur „Inventur" der Lehrinhalte oder zur Aufstellung intendierter Kompetenzen wird am Standort sowie im Verbund momentan diskutiert und bedarf eines weiteren Erfahrungsaustausches bzw. der Suche und Bewertung anderer vorhandener Literatur oder der Erstellung eines eigenen Kompendiums. Dabei ist weiterhin anzumerken, dass die Disziplin SWE je nach Domäne unterschiedlich vertieft vermittelt wird und werden muss, was die Nutzung einer einheitlichen Themenaufstellung erschwert.

Da einige Vertrauenswerte der Erhebungsergebnisse relativ klein ($p < 50\,\%$) sind, wird empfohlen, diese genauer zu untersuchen. Es sollte versucht werden weitere komplementäre Daten zu erheben. Zudem besteht die Möglichkeit, diese Erhebung als Panel weiterzuentwickeln, und so eine Langzeitstudie oder Längsschnittuntersuchung zu initiieren (vgl. Abschnitt 3.2.1). Diese Maßnahme wäre gerade im Hinblick auf die Schnelllebigkeit der stark technologiegetriebenen Software-Entwicklung außerordentlich sinnvoll, um die Aktualität des Datenmaterials aufrecht zu erhalten. Die Messzeitpunkte wären demzufolge noch zu definieren und zudem, ob ein Panel oder eine grundlegende Längsschnittstudie erstrebenswerter erscheint. Alternativ oder in Ergänzung dazu sollte dieser erste Versuch der Erstellung eines Kompetenzprofils mit weiteren oder den bereits befragten Unternehmen diskutiert und ggf. angepasst werden, um so noch einen Schritt weiter in der Entwicklung eines Profils zu kommen. Im Weiteren können nun Hypothesen gebildet und durch quantitative Verfahren überprüft werden.

Aufgrund der neuen Erkenntnisse sollte in einem nächsten Schritt das entwickelte Soll-Kompetenzprofil (s. Abbildung 31) überprüft und bis auf die Sub Areas heruntergebrochen werden. Im Anschluss daran kann der Soll/Ist-Vergleich zwischen diesem Profil und dem analysierten aktuellen Curriculum des SS 2013 – hier steht die Bestandsaufnahme der überfachlichen Kompetenzen noch aus (s. Kap. 2.4.2) – bzw. des SS 2014 verglichen werden, um somit neue Ansatzpunkte zur Verbesserung der Lehr-/Lernveranstaltung für das SS 2015 identifizieren zu können. Direkt im Anschluss an diese Arbeit werden zunächst die Auswertungen an die Auskunftseinheiten versendet, die Interesse an den Forschungsergebnissen bekundet haben.

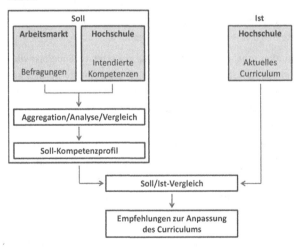

Abbildung 31: Vorgehen zur abgeschlossenen Erhebung und Analyse, sowie der Verwendung der Ergebnisse im Folgenden

Glossar

Curriculum. (lat. „Lauf, Kreisbahn, Rennbahn") In der Pädagogik die Bezeichnung für eine Aufstellung der zu vermittelnden Lehrinhalte, die zudem die didaktische Aufbereitung (evtl. auch eine Leistungsmessung) umfasst.

Deskriptive Untersuchung. *»In einer deskriptiven Untersuchung werden die für die Untersuchungsthematik relevanten Tatbestände möglichst genau erfasst und beschrieben, wobei jedoch keine Zusammenhänge zwischen Variablen untersucht werden«* (Homburg, 2012, S. 252).

Didaktik. (altgr. didáskein, „lehren") Ist die Theorie und praktische Umsetzung des Lernens und Lehrens.

Domäne. Bezeichnung für ein Fach- oder Lehrgebiet. In EVELIN werden so die unterschiedlichen Studiengänge/-richtungen bezeichnet, die an den unterschiedlichen Standorten betrachtet werden (z. B. Wirtschaftsinformatik, Software Engineering/Informatik als Nebenfach).

Explorative Untersuchung. *»Eine explorative Untersuchung dient dazu, die (meist noch relativ unerforschte) Untersuchungsthematik zunächst einmal genau zu verstehen und zu strukturieren. Zusammenhänge zwischen betrachteten Variablen können untersucht werden, wobei sich der explorative Untersuchungscharakter darin manifestiert, dass vor Durchführung der Datenanalyse keine Hypothesen über derartige Zusammenhänge formuliert werden«* (Homburg, 2012, S. 252).

IEEE. *»IEEE, pronounced "Eye-triple-E," stands for the Institute of Electrical and Electronics Engineers.« »IEEE is the world's largest professional association dedicated to advancing technological innovation and excellence for the benefit of humanity. IEEE and its members inspire a global community through IEEE's highly cited publications, conferences, technology standards, and professional and educational activities.«* (IEEE, 2013)

Informelles Lernen. Lernen außerhalb der Schule oder anderen Bildungseinrichtungen oder Weiterbildungsmaßnahmen und somit auch ohne Prüfung oder Nachweis; evtl. sogar ohne, dass es der Person bewusst ist. Diese Form des Lernens kann in allen Lebenssituationen erfolgen.

Intendierte Kompetenzen. Soll-Kompetenzen, die aus dem Blickwinkel des Dozierenden in der Lehrveranstaltung geprägt werden sollen; Kompetenzen, die er/sie mit der dem Kurs bei den Lernenden weiterbilden möchte.

Interkategorial. (lat. inter, „zwischen") Zwischen den beiden Kategorien Fach- und Schlüsselkompetenzen.

Intrakategorial. (lat. intra, „innerhalb") Innerhalb der Fachkompetenzen oder innerhalb der überfachlichen Kompetenzen.

Ist-Kompetenzen. Momentaufnahme einer Person in zeitlicher Kompetenzentwicklung oder die Bestandsaufnahme einer Lehrveranstaltung in einem bestimmten Jahr/Semester.

Kompetenzen, fachliche. vgl. im Gegensatz zu *Kompetenzen, überfachliche*

Auch: bereichsspezifische, -bezogene Kompetenzen, Fachkompetenzen, FK

Kompetenzen, überfachliche. Als überfachliche Kompetenzen gelten diejenigen, die bereichs-/fachübergreifend von Bedeutung sind (z. B. Kommunikationsfähigkeit) und daher auch nicht in einer bestimmten Veranstaltung vermittelbar sind.

Auch: generelle, allgemeinbildende, generische, (fach-/fächer-)übergreifende, außerfachliche Kompetenzen, Schlüsselkompetenzen, Soft Skills, ÜFK

Kompetenzen. »[D]ie bei Individuen verfügbaren oder durch sie erlernbaren kognitiven Fähigkeiten und Fertigkeiten, um bestimmte Probleme zu lösen, sowie die damit verbundenen motivationalen, volitionalen und sozialen Bereitschaften und Fähigkeiten um die Problemlösungen in variablen Situationen erfolgreich und verantwortungsvoll nutzen zu können.« (Weinert, 2002, S. 27 f.)

Kompetenzprofil. »[E]in gesamtes Setting oder Konglomerat von [...] Kompetenzen [und deren Ausprägung], die – im Sinne eines Profils – auf die jeweiligen Voraussetzungen zur Ausübung eines bestimmten Betätigungs- und Handlungsfeldes weisen« (Brendel et al., 2006, S. 56).

Kompetenzraster. Ein Instrument zur Erfassung von Kompetenzen (Soll oder Ist; Inventur, Intention oder Zwischenstand in einer persönlichen Entwicklung) unter Betrachtung der Kompetenzen und der Ausprägungen (z. B. in einer Matrix).

Lehrziel. Ziel innerhalb der Lehre (z. B. eines Faches) aus Sicht des Lehrenden; damit intendiert.

Lernziel. Ziel innerhalb des Lernprozesses aus Sicht des einzelnen Lernenden, das er/sie für sich individuell gesetzt hat.

Modulhandbuch. Gliederung eines Studienganges in einzelne Einheiten (z. B. Lehrveranstaltungen) inkl. Angaben zu Anforderungen, Lehrinhalten, Lehrzielen, Prüfungsformen etc.

SWEBOK[*]. Abkürzung für Software Engineering Body of Knowledge. SWEBOK[*] ist eine offizielle Dienstleistungsmarke des IEEE. »In this Guide, the IEEE Computer Society establishes for the first time a baseline for the body of knowledge for the field of software engineering, and the work partially fulfills the Society's responsibility to promote the advancement of both theory and practice in this field« (Abran et al., 2004, S. VII).

Literaturverzeichnis

Abke, J.: *Electronics Integration (WS 2010/11), Foliensatz "01Einleitung"*. Aschaffenburg: Vorlesungsskript, Hochschule Aschaffenburg, Fakultät Ingenieurwissenschaften, Schwerpunkt Konstruktion und Entwicklung, 2010.

Abke, J.; Brune, P.; Haupt, W.; Hagel, G.; Landes, D.; Mottok, J.; Niemetz, M.; Pfeiffer, V.; Studt, R.; Schroll-Decker, I. & Sedelmaier, Y.: *EVELIN - ein Forschungsprojekt zur systematischen Verbesserung des Lernens von Software Engineering*. In: Tagungsband - Embedded Software Engineering Kongress 2012; 3.-7. Dezember 2012 in Sindelfingen. Würzburg: Elektronikpraxis/Vogel, 2012. ISBN 978-3-8343-2407-8. S. 653-658

Abran, A.; Moore, J. W.; Bourque, P.; Dupuis, R. & Tripp, L. L.: *Guide to the Software Engineering Body of Knowledge: SWEBOK*. 1. Aufl. Los Alamitos: IEEE Computer Society, 2004. ISBN 0-7695-2330-7. Online verfügbar: http://www.inf.ed.ac.uk/teaching/courses/seoc/2006_2007/resources/SWEBOK_Guide_2004.pdf (Zugriff: 20.07.2013)

AfH - Arbeitsstelle für Hochschuldidaktik: *Leistungsnachweise in modularisierten Studiengängen*. Zürich: Bericht, Universität Zürich, 2007. Online verfügbar: http://www.fwb.uzh.ch/services/leistungsnachweise/Dossier_LN_AfH.pdf (Zugriff: 29.07.2013)

Anderson, L. W.; Krathwohl, D. R.; Airasian, P. W.; Cruikshank, K. A.; Mayer, R. E.; Pintrich, P. R.; Raths, J. & Wittrock, M. C.: *A taxonomy for learning, teaching, and assessing. A revision of Bloom's taxonomy of educational objectives*. 1. Aufl. New York: Longman, 2001. ISBN 0-8013-1903-X

Assenmacher, W.: *Deskriptive Statistik*. 3. Aufl. Berlin, Heidelberg, New York: Springer Verlag, 2003. ISBN 978-3-540-00207-9

AutGrBildBer - Autorengruppe Bildungsberichterstattung: *Bildung in Deutschland 2008: Ein indikatorengestützter Bericht mit einer Analyse zu Übergängen im Anschluss an den Sekundarbereich I*. Bielefeld: W. Bertelsmann Verlag. Bericht im Auftrag der KMK und des BMBF, 2008. ISBN 978-3-7639-3663-2. Online verfügbar: http://www.bildungsbericht.de/daten2008/bb_2008.pdf (Zugriff: 23.07.2013)

Balzert, H.: *Lehrbuch der Softwaretechnik: Basiskonzepte und Requirements Engineering*. 3. Aufl. Heidelberg: Spektrum Akademischer Verlag, 2009. ISBN 978-3-8274-1705-3

BayDSG - Bayerisches Datenschutzgesetz: *Gesetzestext*. Vom 23. Juli 1993. Zuletzt geändert am 08. April 2013 (GVBl 2013, S. 174)

Belbin, M. R.: *Team roles at work*. 2. Aufl. Abingdon (UK); New York: Routledge, 2010. ISBN 978-1-85617-800-6

Berekoven, L.; Eckert, W. & Ellenrieder, P.: *Marktforschung – Methodische Grundlagen und praktische Anwendung*. 11. Aufl. Wiesbaden: Betriebswirtschaftlicher Verlag Dr. Th. Gabler, 2006. ISBN 978-3-8349-0317-4

Biggs, J. & Tang, C.: *Teaching for Quality Learning at University: What the Student does*. 3. Aufl. Maidenhead: Open University Press, 2007. ISBN 978-0-335-22126-4

Bloom, B. S.; Engelhart, M. D.; Furst, E. J.; Hill, W. H. & Krathwohl, D. R.: *Taxonomie von Lernzielen im kognitiven Bereich*. Füner, E. & Horn, R. (Übers.). 4. Aufl. Weinheim, Basel: Beltz Verlag, 1974. ISBN 3-407-18296-1

Bloom, B. S.; Engelhart, M. D.; Furst, E. J.; Hill, W. H. & Krathwohl, D. R.: *Taxonomy of Educational Objectives: the classification of educational goals. Handbook 1: Cognitive Domain*. 1. Aufl. New York: David McKay, 1956.

BMBF - Bundesministerium für Bildung und Forschung: *Europa: Politik für eine dynamische Bildungs- und Forschungsunion*, 2015. URL: http://www.bmbf.de/de/20371.php (Zugriff: 26.04.2015)

BMBF - Bundesministerium für Bildung und Forschung: *Leben und Lernen für eine lebenswerte Zukunft: Die Kraft der Erwachsenenbildung*. Paderborn: Bericht, 2008.

Bortz, J. & Döring, N.: *Forschungsmethoden und Evaluation: für Human- und Sozialwissenschaftler*. 4. Aufl. Heidelberg: Springer Medizin Verlag, 2006. ISBN 978-3-540-33305-0

Brabrand, C.: *Constructive Alignment for Teaching Model-Based Design for Concurrency: A Case-Study on Implementing Alignment in Computer Science*. In: van der Aalst, W. & Billington, J. (Hrsg.): *Transactions on Petri Nets and Other Models of Concurrency I*. 1. Aufl. Heidelberg, New York: Springer Verlag, 2008. ISBN 978-3-540-89286-1. With kind permission of Springer Science+Business Media. S. 1-18

Brendel, S.; Eggensperger, P. & Glathe, A.: *Das Kompetenzprofil von HochschullehrerInnen: Eine Analyse des Bedarfs aus Sicht von Lehrenden und Veranstaltenden*. In: Zeitschrift für Hochschulentwicklung (ZFHE) Jg. 1/Nr. 2 (2006). S. 55-84

Briedis, K. & Minks, K.-H.: *Zwischen Hochschule und Arbeitsmarkt. Eine Befragung der Hochschulabsolventinnen und Hochschulabsolventen des Prüfungsjahres 2001*. Hannover: Projektbericht im Auftrag des BMBF, 2004.

Brödner, P.; Seim, K. & Wohland, G.: *Skizze einer Theorie der Informatikanwendungen*. In: IJSC Nr. 5 (2009). S. 118-140

Brüsemeister, T.: *Qualitative Forschung: Ein Überblick*. 2. Aufl. Wiesbaden: VS Verlag für Sozialwissenschaften, 2008. ISBN 978-3-531-16288-1

Claren, S. & Sedelmaier, Y.: *Ein Kompetenzrahmenmodell für Software Engineering: Ein Schema zur Beschreibung von Kompetenzen.* In: *Tagungsband - Embedded Software Engineering Kongress 2012; 3.-7. Dezember 2012 in Sindelfingen.* Würzburg: Elektronikpraxis/Vogel, 2012a. ISBN 978-3-8343-2407-8. S. 647-652

Claren, S. & Sedelmaier, Y.: *EVELIN "Taxonomie": Template zur Kategorisierung von Kompetenzen.* Coburg: Ausarbeitung, Projekt EVELIN an der Hochschule Coburg, 2012b.

Denzin, N. K.: *The Research Act: A Theoretical Introduction to Sociological Methods.* 1. Aufl. Piscataway, NJ (USA): Transaction, 2009. ISBN 978-0-202-36248-9

DIN EN ISO 9000: *Qualitätsmanagementsysteme - Grundlagen und Begriffe (ISO 9000:2005); Dreisprachige Fassung EN ISO 9000:2005.* Berlin: Beuth Verlag, 2005. ICS 01.040.03; 03.120.10

Ebert, M.: *Empirische Untersuchung relevanter Software-Engineering- und Programmierkompetenzen für Absolventen der Studiengänge Maschinenbau, Technische Physik und Elektrotechnik.* Coburg: Masterarbeit; Fakultät Elektrotechnik und Informatik; Hochschule Coburg, 2013.

Eck, C. D.; Jöri, H. & Vogt, M.: *Assessment-Center.* 2. Aufl. Heidelberg: Springer Verlag, 2010. ISBN 978-3-642-12997-1

Erpenbeck, J.: *Kompetenzdiagnostik und Entwicklung KODE®.* Bonn: BIBB-Fachtagung: Informelles Lernen – Verfahren zur Dokumentation und Anerkennung im Spannungsfeld von individuellen, betrieblichen und gesellschaftlichen Anforderungen Bonn 30. /31. März 2004, 2004. Online verfügbar: http://www.bibb.de/dokumente/pdf/a45_fachtagung_informelles-lernen_03_erpenbeck_kode.pdf (Zugriff: 29.07.2013)

Erpenbeck, J. & Heyse, V.: *Die Kompetenzbiographie: Wege der Kompetenzentwicklung.* 2. Aufl. Münster: Waxmann Verlag, 2007. ISBN 978-3-8309-1808-0

Erpenbeck, J. & Rosenstiel, L.: *Einführung.* In: Erpenbeck, J. & von Rosenstiel, L. (Hrsg.): *Handbuch Kompetenzmessung: Erkennen, verstehen und bewerten von Kompetenzen in der betrieblichen, pädagogischen und psychologischen Praxis.* 2. Aufl. Stuttgart: Schäffer-Poeschel Verlag, 2007. ISBN 978-3-7910-2477-6. S. XVII-XLVI

Erpenbeck, J.: *KODE® - Kompetenz-Diagnostik und -Entwicklung.* In: Erpenbeck, J. & von Rosenstiel, L. (Hrsg.): *Handbuch Kompetenzmessung. Erkennen, verstehen und bewerten von Kompetenzen in der betrieblichen, pädagogischen und psychologischen Praxis.* 2. Aufl. Stuttgart: Schäffer-Poeschel Verlag, 2007. ISBN 978-3-7910-2477-6. S. 489-503

FG BBF IBB - FG Berufsbildungsforschung IBB: *Berufliche Kompetenzen messen: Das Projekt KOMET der Bundesländer Bremen und Hessen. Zweiter Zwischenbericht der wissenschaft-*

lichen Begleitung. Bremen: Bericht, Projekt KOMET im Auftrag des Hessischen Kultus-ministeriums und der Senatorin für Bildung und Wissenschaft in Bremen, 2010.

Figas, P.; Sedelmaier, Y. & Joseph, S.: *Kompetenzraster für fachliche und überfachliche Kompetenzen: Vorschlag zur Beschreibung und weiteren Konkretisierung fachlicher und überfachlicher Kompetenzen im Rahmen des Verbundprojekts EVELIN.* Coburg, Regensburg: Ausarbeitung, Projekt EVELIN, 2013.

Flick, U.: *Triangulation: Eine Einführung.* 3. Aufl. Wiesbaden: VS Verlag für Sozialwissen-schaften, 2011. ISBN 978-3-531-18125-7

Flick, U.; von Kardorff, E. & Steinke, I.: *Was ist qualitative Forschung? Einleitung und Überblick.* In: Flick, U.; von Kardorff, E. & Steinke, I. (Hrsg.): *Qualitative Forschung: Ein Handbuch.* 5. Aufl. Reinbek bei Hamburg: Rowohlt Taschenbuch Verlag, 2007. ISBN 978-3-499-55628-9. S. 13-29

Friedrichs, J.: *Methoden empirischer Sozialforschung.* 14. Aufl. Opladen: VS Verlag für Sozialwissenschaften, 1990. ISBN 3-531-22028-4

Gillen, J.: *Kompetenzanalyse und Kompetenzerhebung -eine Bestandaufnahme aus arbeit-nehmerorientierter Perspektive.* Hamburg: Projekt KomNetz - Kompetenzentwicklung in vernetzten Lernstrukturen, 2003.

Gnahs, D.: *Kompetenzen - Erwerb, Erfassung, Instrumente: Studientexte für Erwachsen-enbildung.* 1. Aufl. Bielefeld: Bertelsmann Verlag, 2010. ISBN 978-3-7639-4244-2

Gold, C.; Abke, J. & Sedelmaier, Y.: *A Retrospective Course Survey of Graduates to Analyse Competencies in Software Engineering.* In: IEEE (Hrsg.): *Global Engineering Education Conference (EDUCON), Istanbul, Türkei.* 2014. ISBN 978-1-4799-3190. © 2014 IEEE. Reprinted, with permission. S. 100-106

HAB - Hochschule Aschaffenburg: *Modulhandbuch: Mechatronik.* Aschaffenburg: Bestand-teil der Studienprüfungsordnung, Hochschule Aschaffenburg, 2011. Fakultät Ingenieur-wissenschaften

Hair, J. F.; Wolfinbarger, M. F.; Ortinau, D. J. & Bush, R. P.: *Essentials of Marketing Research.* 2. Aufl. New York: McGraw-Hill/Irwin, 2008. ISBN 978-0-07-122028-6. With kind permission of McGraw-Hill Education.

Harashima, F.; Tomizuka, M. & Fukuda, T.: *Mechatronics – „What Is It, Why and How? An Editorial".* In: IEEE/ASME Transaction on Mechatronics No. 1, Vol. 1 (1996). S. 1-4. ISSN 1083-4435

Hesse, J. & Schrader, H. C.: *Assessment Center für Hochschulabsolventen: Vorbereitung, Training, Erfolgsstrategien.* 1. Aufl. Frankfurt am Main: Eichborn Verlag, 2008. ISBN 978-3-8218-5967-5

Hesse, W.; Keutgen, H.; Luft, A. & Rombach, H.: *Ein Begriffsystem für die Softwaretechnik: Vorschlag zur Terminologie*. In: Informatik-Spektrum Nr. 4, Bd. 7 (1984). S. 200-213

Heyse, V.; Erpenbeck, J. & Michel, L.: *Kompetenzprofiling: Weiterbildungsbedarf und Lernformen in Zukunftsbranchen*. 1. Aufl. Münster: Waxmann, 2002. ISBN 3-8309-1189-0

Homburg, C.: *Marketingmanagement: Strategie, Instrumente, Umsetzung, Unternehmensführung*. 4. Aufl. Wiesbaden: Gabler Verlag, 2012. ISBN 978-3-8349-3435-2. With kind permission of Springer Science+Business Media.

Homburg, C. & Krohmer, H.: *Der Prozess der Marktforschung: Festlegung der Datenerhebungsmethode, Stichprobenbildung und Fragebogengestaltung*. In: Herrmann, A.; Homburg, C. & Klarmann, M. (Hrsg.): *Handbuch Marktforschung: Methoden, Anwendungen, Praxisbeispiele*. 3. Aufl. Wiesbaden: Verlag Dr. Th. Gabler, 2008. ISBN 978-3-8349-0342-6. With kind permission of Springer Science+Business Media. S. 21-52

HRG - Hochschulrahmengesetz: *Gesetzestext*. in der Fassung der Bekanntmachung vom 19. Januar 1999 (BGBl. I S. 18), zuletzt geändert durch Artikel 2 des Gesetzes vom 12.04.2007 (BGBl. I S. 506)

HRK - Hochschulrektorenkonferenz: *Projekt nexus: Konzepte und gute Praxis für Studium und Lehre: nexus Newsletter 3/2013*. 2013. Online verfügbar: http://www.hrk-nexus.de/hrk-nexus-newsletter/nexus-newsletter-32013/ (Zugriff: 04.11.2013)

Huber-Hanhart, G.: *Das Schweizerische Qualifikationsbuch CH-Q in der Praxis*. In: Education permanente; Zeitschrift der SVEB – Revue de la FSEA Nr. 3 (2000). S. 41-43. Online verfügbar: http://www.edudoc.ch/static/infopartner/periodika_fs/2000/EP_Education_permanente/Ausgabe_03_2000/ep0341.pdf (Zugriff: 29.07.2013)

Hüttner, M. & Schwarting, U.: *Grundzüge der Marktforschung*. 7. Aufl. München, Wien: Oldenbourg, 2002. ISBN 3-486-25917-2

IEEE: *About IEEE*. 2013. Online verfügbar: http://www.ieee.org/about/index.html (Zugriff: 25.10.2013)

IEEE - Institute of Electrical and Electronics Engineers: *IEEE Standard Glossary of Software Engineering Terminology. IEEE Std 610.12-1990*. New York: IEEE, 1990. ISBN 1-55937-067-X

Ingenkamp, K. & Lissmann, U.: *Lehrbuch der Pädagogischen Diagnostik*. 6. Aufl. Weinheim, Basel: Beltz Verlag, 2008. ISBN 978-3-407-25503-7

Joseph, S.: *Kompetenzraster für überfachliche Kompetenzen*. Banz: Projekt EVELIN, Vortrag am Konsortiumstreffen vom Standort Hochschule Regensburg, 2013.

Kamiske, G. & Bauer, J.-P.: *Qualitätsmanagement von A bis Z: Wichtige Begriffe des Qualitätsmanagements und ihre Bedeutung*. 7. Aufl. München, Wien: Carl Hanser Verlag, 2011. ISBN 978-3-446-42581-1

Käpplinger, B.: *Anerkennung von Kompetenzen: Definitionen, Kontexte und Praxiserfahrungen in Europa.* Bonn: Bericht, Deutsches Institut für Erwachsenenbildung, 2002. Online verfügbar: http://www.die-bonn.de/esprid/dokumente/doc-2002/kaepplinger02_01.pdf (Zugriff: 29.07.2013)

Käpplinger, B.: *Neue Zugänge zu Weiterbildung und Arbeit durch Kompetenzbilanzierungen? Erste Antworten aus Europa und Deutschland.* In: REPORT: Zeitschrift für Weiterbildungsforschung. (27) (27) 1/2004 (1/2004). S. 117-123. ISSN 0177-4166. Online verfügbar: http://www.die-bonn.de/doks/kaepplinger0402.pdf (Zugriff: 25.07.2013)

Kaps, R. U.: *Markforschung (SS 2007).* Aschaffenburg: Vorlesungsskript, Hochschule Aschaffenburg, Fakultät Wirtschaft und Recht, Studiengang Betriebswirtschaftslehre, 2007.

Kauffeld, S.: *Kompetenzmessung: Auf welche Facetten kommt es an?.* In: Gruber, T. G. (Hrsg.): *Berufsbildung für eine globale Gesellschaft: Perspektiven im 21. Jahrhundert.* Bielefeld: Bertelsmann Verlag, 2003. 4. BIBB-Fachkongress, 23.-25. Oktober 2002 in Berlin; Bundesinstitut für Berufsbildung Bonn. Forum 5: Die Zukunft des Prüfens. AK 5.1: Heißes Eisen Prüfungen. Zu finden auf der beigefügten CD-ROM. ISBN 3-7639-1008-5

Kauffeld, S.; Grote, S. & Frieling, E.: *Das Kasseler-Kompetenz-Raster (KKR).* In: Erpenbeck, J. & von Rosenstiel, L. (Hrsg.): *Handbuch Kompetenzmessung: Erkennen, verstehen und bewerten von Kompetenzen in der betrieblichen, pädagogischen und psychologischen Praxis.* 2. Aufl. Stuttgart: Schäffer-Poeschel Verlag, 2007. ISBN 978-3-7910-2477-6. S. 224-243

Klieme, E.: *Was sind Kompetenzen und wie lassen sie sich messen?.* In: Pädagogik Nr. 6 (2004). S. 10-13

Klieme, E. & Leutner, D.: *Kompetenzmodelle zur Erfassung individueller Lernergebnisse und zur Bilanzierung von Bildungsprozessen. Beschreibung eines neu eingerichteten Schwerpunktprogramms der DFG.* In: Zeitschrift für Pädagogik Nr. 52 (2006). S. 876-903. Online verfügbar: http://www.pedocs.de/volltexte/2011/4493/pdf/ZfPaed_2006_Klieme_Leutner_Kompetenzmodelle_Erfassung_Lernergebnisse_D_A.pdf (Zugriff: 07.07.2013)

Klimmer, M.: *TPM1: Innovations- und Technologiemanagement (WS 2012/13), Kapitel: Informationen gewinnen und auswerten.* Mannheim: Vorlesungsskript, Hochschule Mannheim, Fakultät Wirtschaftsingenieurwesen, Studiengang Wirtschaftsingenieurwesen-Master, 2012.

Konrad, K.: *Mündliche und schriftliche Befragung: Ein Lehrbuch.* 1. Aufl. Landau: Verlag Empirische Pädagogik, 2001. ISBN 3-933967-56-2

Ludewig, J. & Lichter, H.: *Software Engineering: Grundlagen, Menschen, Prozesse, Techniken.* 3. Aufl. Heidelberg: dpunkt Verlag, 2013. ISBN 978-3-86490-092-1

Malhotra, N. K.: *Marketing Research: An Applied Orientation*. 4. Aufl. New Jersey: Pearson, 2004. ISBN 0-13-033716-1

Meijers, A. W.; van Overveld, K. & Perrenet, J.: *Criteria for Acedemic Bachelor's and Master's Curricula*. Orgetir, D. (Übers.). Eindhoven: Drukkerij Lecturis, 2005. ISBN 90-386-2217-1. Online verfügbar: http://www.utwente.nl/majorminor/info_algemeen/criteria_for_curricula.pdf (Zugriff: 26.07.2013)

Naur, P. & Randell, B.: *Software Engineering: Report on a conference sponsored by the NATO Science Committee*. Brüssel: 7.-11. Oktober 1968 in Garmisch, Scientific Affairs Division, NATO, 1969. Online verfügbar: http://homepages.cs.ncl.ac.uk/brian.randell/NATO/nato1968.PDF (Zugriff: 04.03.2015)

Neß, H.; Bretschneider, M. & Seidel, S.: *ProfilPASS: der Weiterbildungspass mit Zertifizierung informellen Lernens*. In: Erpenbeck, J. & von Rosenstiel, L. (Hrsg.): *Handbuch Kompetenzmessung: Erkennen, verstehen und bewerten von Kompetenzen in der betrieblichen, pädagogischen und psychologischen Praxis*. 2. Aufl. Stuttgart: Schäffer-Poeschel Verlag, 2007. ISBN 978-3-7910-2477-6. S. 388-411

Preißer, R. & Völzke, R.: *Kompetenzbilanzierung: Hintergründe, Verfahren, Entwicklungsnotwendigkeiten*. In: REPORT Zeitschrift für Weiterbildungsforschung Nr. 1, Bd. 30 (2007). S. 62-71

ProfilPASS®: *ProfilPASS®-Flyer*. 2012. URL: http://www.profilpass.de/files/flyer_pp_unternehmen_web.pdf (Zugriff: 26.07.2013)

Romeike, R.: *Output statt Input: Zur Kompetenzformulierung in der Hochschullehre Informatik*. In: Engbring, D.; Keil, R.; Magenheim, J. & Selke, H. (Hrsg.): *HDI 2010 – Tagungsband der 4. Fachtagung zur Hochschuldidaktik Informatik; 9./10. Dezember 2010 in Paderborn*. Potsdam: Universitätsverlag, 2010. ISBN 978-3-86956-100-4. S. 35-46

Schwirtlich, V.: *Erarbeitung und experimentelle Erprobung einer neuen Lehr- und Lernform im Software Engineering für Embedded Systems*. Aschaffenburg: Masterarbeit, Projekt EVELIN an der Hochschule Aschaffenburg, 2013.

Seidel, S.: *Das ProfilPASS-System*. In: Harp, S.; Pielorz, M.; Seidel, S. & Seusing, B. (Hrsg.): *Praxisbuch ProfilPASS: Ressourcenorientierte Beratung für Bildung und Beschäftigung*. 2. Aufl. Bielefeld: Bertelsmann Verlag, 2010. ISBN 978-3-7639-3514-7. S. 15-50

SfBJSB - Senatsverwaltung für Bildung, Jugend und Sport Berlin: *Rahmenlehrplan für die gymnasiale Oberstufe: Informatik*. Berlin: Senatsverwaltung für Bildung, Jugend und Sport Berlin, 2006. Online verfügbar: http://www.berlin.de/imperia/md/content/sen-bildung/unterricht/lehrplaene/sek2_informatik.pdf?start&ts=1283429474&file=sek2_informatik.pdf (Zugriff: 05.07.2013)

VDI-Richtlinie 2206: *Entwicklungsmethodik für mechatronische Systeme; Zweisprachige Fassung.* Berlin: Beuth Verlag, 2004. ICS 03.100.40; 31.220

Weicker, N.: *Informatik-didaktische Weiterbildung von Lehrenden.* In: Friedrich, S. (Hrsg.): *Unterrichtskonzepte für informatische Bildung.* 1. Aufl. Bonn: Gesellschaft für Informatik, 2005. ISBN 3-88579-389-X. S. 101-110

Weinert, F. E.: *Vergleichende Leistungsmessung in Schulen - Eine umstrittene Selbstverständlichkeit.* In: Weinert, F. E. (Hrsg.): *Leistungsmessungen in Schulen.* 2. Aufl. Weinheim u. a.: Beltz-Verlag, 2002. ISBN 3-407-25256-0. S. 17-32

Wübbenhorst, K. & Kamps, U.: *Gabler Wirtschaftslexikon: Erhebung,* 2013. URL: http://wirtschaftslexikon.gabler.de/Archiv/904/erhebung-v9.html (Zugriff: *29.07.2013*)

Printed in the United States
By Bookmasters